Eckhard Lück
Kabarett von Be bis Zett

Eckhard Lück

Kabarett von **Be** bis **Zett**

Ein Handbuch für alle, die selbst
Kabarett spielen wollen

die AOL-HosenTaschenBücher
herausgegeben von Hertha Beuschel-Menze

Zur Person:
- Seit Februar 1992, nach 10 Jahren minderwertiger Beschäftigung, jetzt Beamter mit „lebenslänglich". Erste Beamtenamtshandlung: Kurantrag!
- Hat trotz des völlig „neuen" Status noch immer Lust auf kreatives Arbeiten und deshalb seine Arbeitszeit freiwillig reduziert (wer ist schon 26 Stunden gut?)
- Stellt zu seinem Bedauern fest, daß kreatives Potential bei Schülern zunehmend abnimmt.
- Wird langsam älter (fast 40) und regt sich längst nicht mehr darüber auf, daß der Hausmeister kraft seiner Schlüsselgewalt die Zeiten und Räume der Theaterarbeit bestimmt.
- Träumt in letzter Zeit immer häufiger von einem Zusatzstudium „Chaosorganisation".
- Arbeitet immer noch mit dem Kollegen vom Musical zusammen (das gibt es übrigens schon - aber bei der Konkurrenz) und kann es nicht lassen, Musik mit Theater zu koppeln. Wir nennen das „Sinngenuß in Potenz" und können prima mit dem Vorwurf der Pornographie leben.
- Hat mal wieder vergessen, daß ihn mit einer solchen Beschreibung natürlich wieder keiner ernst nimmt.
- Will das auch gar nicht! Meistens jedenfalls.
- Ist zu erreichen (nicht nur für die Konkurrenz) unter: Schartenbergstraße 17 in Kassel (neue PLZ erfragen), Tel.: 0561/65227

Alle Rechte - auch die verlagsfernen - vorbehalten.
Nachdruck, auch auszugsweise,
nur mit schriftlicher Genehmigung des Verlags:
© AOL-Verlag • Lichtenau/Baden
    Telefon 07227/4349 • Fax 07227/8284
Jahr: 2000 99 98 97 96 95 94 93   (gültig ist die letzte Zahl)
Auflage: 8   7   6   5   4   3   2   1   (gültig ist die letzte Zahl)
Satz: Marianne Fritz-Friedmann • Muckenschopf
Film/Druck/Bindung: Naber & Rogge GmbH • Rheinmünster
Printed in Germany

ISBN 3-89111-**405**-2 (Bestellnummer A405)

Inhaltsverzeichnis

1. Vorwort — Seite 6
2. Kleine Geschichte des Kabaretts — Seite 8
3. Was kann, was will Kabarett? — Seite 11
4. Schüler und Kabarett, geht das? — Seite 13
5. Spielerische Übungen — Seite 16
6. Themenfindung — Seite 33
7. Szenenbaukasten — Seite 44
8. Vom Thema zum Stück, zwei Beispiele — Seite 49
9. Requisiten und Kulissen — Seite 75
10. Beispiele für Szenen, Sprechtexte — Seite 78
11. Literaturverzeichnis mit Kurzkommentaren — Seite 112
12. Nachwort — Seite 116

Vorwort

Das Heft enthält nur einen Wirkstoff. Er ist seit Jahren bekannt. Die Anwendung sowohl äußerlich als auch innerlich hat sich als erfolgreich erwiesen.

Wirkstoff:

Einziger Inhaltsstoff: TUWAS (auf Salbenbasis)

Anwendungsgebiete:

- stetig wachsender Stumpfsinn - Spaß
- abgebrüht sein - kreative Potenz
- Hilflosigkeit - Lebenslust
- Angst und Beklemmung - Spieltrieb
- Schwindelgefühle

Es wirkt gleichermaßen auf Kopf und Herz und Hand.

Gegenanzeigen:

Das Heft sollte nur nach Verordnung des Lustprinzips angewendet werden. Patienten mit Gehorsamkeitswahn, bei Überempfindlichkeit gegen sprachliche Ungeschicklichkeiten sowie bei Zugehörigkeit zu einer politischen Partei sollten das Mittel nicht verwenden.

Wechselwirkungen:

Bei gleichzeitigem Gebrauch von Fernsehsendungen (speziell GameShows) können Wahrnehmungsstörungen auftreten.

Nebenwirkungen:

Kurzfristig können Ohrensausen, Schwindelgefühle und Magendruck auftreten. Gelegentlich kann eine Neigung zur

Schlaflosigkeit, verbunden mit dem Drang, endlich selbst etwas zu tun, auftreten. Dies, verbunden mit einer leichten, aktiven inneren Unruhe, ist erwünscht.

Einnahme und Dosierung:
Einmal täglich, am besten abends nach dem Essen.
Später Wiederholung der Kur in angemessenen Abständen.

Hinweis:
Auch bei bestimmungsgemäßem Gebrauch des Heftes sind plötzliche, unvorhersehbare Erkenntnisschübe nicht auszuschließen. Daher ist Vorsicht bei der Einnahme unmittelbar vor manuellen oder geistigen Tätigkeiten angebracht.

Preis:
Wert

P.S.:
Das Buch beschäftigt sich mit Kabarett, das Vorwort auch.

Wer mehr wissen will, als dieses Büchlein leisten kann, dem empfehlen wir:

Der Vorhang geht auf!
(Die Theaterwerkstatt zum Schreiben, Spielen und Aufführen)
ein Werkbuch der Theaterkunst
für Schüler, Lehrer und alle

Bestell-Nr. A167
AOL Verlag, Lichtenau/Baden

2. Kleine Geschichte des Kabaretts

Das Cabaret ist in Frankreich entstanden, genauer gesagt am 18. November 1881 im 18. Pariser Bezirk, Boulevard Rochechouart 84. Dort befand sich zu der Zeit eine kleine Künstlerkneipe, ein „Cabaret artistique", das zuerst mit Witz, Gesang und Sprache literarisch, künstlerisches Cabaret machte[1]. Sein Inhaber war Rodolphe Salis, der als Gastgeber, Wirt, Kellner und Ansager der erste Conférencier des Cabarets war. Er verband die losen, unzusammenhängenden Nummern zu einem „Ganzen".

Etwa um die Jahrhundertwende entstanden die ersten deutschen Cabarets. Knapp 20 Jahre später vollzog sich dann, im wesentlichen wohl auf Tucholsky zurückgehend, die „Eindeutschung" des Begriffs Cabaret in Kabarett. Diese, bis dahin noch synonym verwendeten Begriffe sollten in der Folgezeit bald völlig verschiedene Ausdeutungen bekommen. Das Cabaret unterschied sich vom Kabarett wie „der Croupier vom Kaminfeger oder dem Callgirl von Kassandra"[2]. Während das Eine mehr auf Gehirnstriptease aus war, ging es bei dem anderen um das „Echte".

Das erste deutsche Kabarett hatte den Namen „Überbrettl". Es war ein, wie alle anderen Kabarett auch, kleiner, verqualmter Raum mit einem kleinen Podium, dem „Brettl". Hier taucht dann auch zum ersten Mal der Begriff „Kleinkunst" auf.

[1] siehe [3]
[2] siehe [8]

Die ersten Vertreter dieser Kleinkunst waren Wedekind oder auch Morgenstern.
Den ersten Höhepunkt des Kabaretts brachten die 20er Jahre. Autoren und Spieler seinerzeit waren so bekannte Leute wie Kästner, Brecht oder Tucholsky. Heue bezeichnet man das Kabarett dieser Zeit gern auch als das „literarische Kabarett".

Neben der eher elitären Kleinkunstbühne KadeKo (Kabarett der Künstler; hier traten die Spieler mit Frack auf), gründete Werner Fink in Berlin das Kabarett „Katakombe", das es den Spielern erlaubte, in Straßenbekleidung, mit ungeputzten Schuhen und unrasiert aufzutreten. Dies gefiel gerade dem Publikum, das die „gelackte" Atmosphäre des KadeKo nicht mochte.

Künstler der „Katakombe" waren Leute wie Theo Lingen, Rudolph Platte, Ursula Herking oder O. E. Plauen.
Die Musik, schon damals wesentlicher Bestandteil jedes Kabarettprogramms, spielten und schrieben Hans Eisler oder Gunther Neumann.

Im „tausendjährigen Reich", durch Hitler zum Schweigen verdammt, erlebte es erst 1945 einen Neubeginn. Speziell die Zeit des Wiederaufbaus brachte dem Kabarett eine neue Blütezeit. Inzwischen hatten sich aber die Spielmethoden verändert. Brauchte es früher nur eines winzigen Glöckchens, das mit einem kleinen Klöppel angeschlagen ganzes Sturmläuten entfachte, bedurfte es jetzt eines Schlages mit dem Vorschlaghammer auf die Kirchenglocke, um als Reaktion wenigstens ein „hat es da geklingelt?" zu erreichen[3].

Zunehmend veränderte sich auch die Spielweise. Hatte der Künstler früher seine Texte zumeist selbst geschrieben und dann auch vorgetragen, wurden jetzt häufig „Fremdtexte" mit Hilfe von Regisseuren in Szene gesetzt. Solonummern wurden zugunsten von Ensemblespiel immer mehr reduziert.

Nach dem Regierungswechsel 1968 geriet das Kabarett, das zumeist linksliberal bis linksradikal war, in eine Flaute. Erst allmählich bildeten sich neue, wieder einmal veränderte Strukturen heraus. Das Feld des Kabaretts wurde vielfältiger und beliebiger. Methoden und Ideen von Revuen und Straßentheatergruppen wurden übernommen, und es entstand eine nicht immer geglückte Mischung aus Show und politischem Anspruch.

Vieles, was früher mit spitzer Zunge auf die geistige Beweglichkeit des Zuschauers zugeschnitten war, würde heute keine Lacher mehr hervorrufen.

Kaum eine Kunst ist so von der Reaktion des Publikums abhängig wie das Kabarett. So ist die Geschichte des Kabaretts immer auch ein Spiegel seines Publikums.

Und was spiegelt uns das heutige Kabarett?

Lassen wir die Frage offen. Vielleicht gibt uns ja der nächste Besuch einer Kabarettveranstaltung eine Antwort.

[3] siehe [8]

3. Was kann, was will Kabarett?

Wie schon im Abschnitt „Geschichte" dargestellt, gibt es verschiedene Ausdeutungen des Begriffs. Als Kernpunkt des Kabarett (im Gegensatz zum Cabaret) bleibt jedoch die zeit- und sozialkritische Auseinandersetzung mit Zuständen und Ereignissen.

„Kabarett ist ins Spiel umgesetzte Satire" hat einmal ein Kabarettist gesagt. Macht man sich diese Definition zu eigen, erhält man eine Antwort auf die Frage, was Kabarett eigentlich will. Kabarett will satirische Texte zum Leben erwecken und auf humorvoll-bissige Weise dazu beitragen, aktuelle oder zeitkritische Themen durch eine „andere" Brille zu sehen
Kabarett will, bei aller Heiterkeit, zum Nachdenken anregen. Es lebt von der witzigen Wechselbeziehung zwischen Darsteller und Publikum. Gutes Kabarett ist dabei nicht dogmatisch oder belehrend; es hält vielmehr einen „Schwebezustand" zwischen Spaß und Ernst. Kabarett mit dem Holzhammer ist keines, Kabarett als „Witze am laufenden Band" ebenso nicht. Gerade die Vermischung beider Wege macht Kabarett aus. Es ist geprägt von den gegensätzlichen Elementen des geistreichen Einfalls und der volkstümlichen Darstellung.

Kabarett will niveauvoll unterhalten. Dazu bedarf es eines Publikums, das bereit ist mitzudenken. „Über das Lachen wollen wir es machen" ist daher auch zu unserem Leitsatz geworden.

Doch was „bringt" Kabarett, außer der Spielbefriedigung für

die Darsteller? Ist es nicht bloß ein bißchen flotte, gutgemachte Unterhaltung mit einem Schuß Nachdenklichkeit, die nicht über den Tag hinaus reicht?

Ich halte es da mit Peter Schuhmann vom *bread and puppet theater*, der sagt:

„Der Einfluß von Geschichtenerzählen, Kabarett und Puppenspiel auf Hunger und Verstümmelung ist gering. Aber dieser kleine Einfluß ist wichtig. Der Gesamtplan aller kleinen Einflüsse hat einen Namen: Befreiung, Licht, gutes Leben."

4. Schüler und Kabarett, geht das überhaupt?

In diesem Kapitel geht es um die Frage, ob in der Schule überhaupt Kabarett gespielt werden kann.
Paßt das zusammen: Schüler und Kabarett?
Muß Schulkabarett nicht schon deshalb scheitern, weil Schüler ein viel geringeres, weniger fundiertes Politikverständnis und Wissen haben als Erwachsene (wenn dem so ist)?

Ich denke, es paßt immer dann, wenn man Schüleranliegen und Schülerbedürfnisse ernst nimmt und Themen wählt und bearbeitet, die den Fähigkeiten und Spielmöglichkeiten der Schüler entsprechen. Außerdem sollte der Spielleiter selbst ein wenig Spaß an pointierter Spielweise haben. Es paßt nicht, wenn folgendes geschieht:
Der Lehrer hat eine Idee für ein Kabarett (zum Beispiel 3. Welt), hat schon viel Material gesichtet und zusammengestellt, hat Ideen der Umsetzung notiert und sucht eigentlich nur noch die passenden Schüler, die sein Anliegen dem Zuschauer nahebringen. Das Ergebnis ist meist seelenloses Aufsagetheater. Nicht immer schlecht gespielt, verraten Nachfragen zum Stück sehr schnell, daß die meisten Spieler gar nicht genau wissen, was sie da gerade spielen und welche Aussage sie damit verfolgen.
Trotz allem Spaß und aller Freude, die Kabarett machen soll, ist es nicht einfach, ein gutes Programm zu entwickeln. Die Spieler haben meist keine oder nur geringe spielerische Vorbildung für das Theaterspiel. Wie bei keiner anderen Form des

Theaters bedarf es beim Kabarett der überspitzten, übertriebenen, typisierten Darstellung. Die fällt schwer, wenn sie das Niveau von Rambo und Dr. Brinkmann verlassen soll. Zudem verlangt Kabarett eine geschulte Beobachtungsgabe. Nehmen Sie sich mal den Hausmeister vor und versuchen Sie, diesen auf eine typische Haltung, Bewegung oder Sprechhülse zu reduzieren, so daß ihn immer noch jeder sofort erkennt; schaffen Sie das auf Anhieb, dann nichts wie ran ans Kabarett. Schaffen Sie das aber nicht, und das geht den meisten von uns so, dann sollten Sie die folgenden Kapitel studieren.

Im Kabarett sind viele Spielformen möglich. Man sollte möglichst viele davon auch umsetzen. Einmal wird man damit vielen Schülern gerecht, zum anderen wird das Programm später abwechslungsreicher und vielfältiger. Sprechtexte zum Beispiel wirken nur dann, wenn sie nicht 5 mal hintereinander im Programm auftauchen.

Und noch etwas ist wichtig: Improvisieren ist im Kabarett kaum möglich. Texte und Pointen müssen, wenn sie die beabsichtigte Wirkung erzielen wollen, geprobt, gelernt und richtig plaziert werden. Kabarett ist also Arbeit, die allerdings sehr lustvoll sein kann, wenn man die Schüler mit ihren Vorschlägen und Ideen an Thema und Konzept beteiligt.

Natürlich entsprechen nicht alle Szenen, die Schüler entwickeln, den „klassischen Ansprüchen" des Kabarett. Manches neigt sich da eher dem Problemtheater oder der „Witzekiste" zu. Trotzdem sollte auch für solche Szenen Platz im Kabarettprogramm sein. Einmal kann man solche Szenen meist durch kleine zusätzliche Kniffe „kabarettauglich" machen, zum anderen sollte man Texte von Schülern grundsätzlich nicht zerreden, sondern mit ihnen gemeinsam so bearbeiten, daß sie noch besser oder deutlicher werden.

Oft reichen dafür kleine Hinweise aus (siehe dazu im Kapitel „Vom Thema zum Stück" die Puppengeschichte zum „1. Mal").

Ob das entstandene Stück dann politisch ist, sagt einem später der Zuschauer.

Fazit:

Lassen Sie Ihre Schüler mitreden, und Kabarett wird ein lustvolles Vergnügen für alle Beteiligten (bei aller Arbeit, die es macht).

5. Spielerische Übungen

In diesem Kapitel geht es um spielerische Vorübungen.
Kabarett bedarf, wie schon im Kapitel 4 beschrieben, der genauen, typisierten Darstellung, die oft übertrieben gespielt werden muß, um ihr Anliegen deutlich zu machen. Außerdem muß die Figur präsentiert werden, das heißt: bühnenwirksam auftreten. Und zu guter letzt sollte man sie verstehen können, sie muß also laut und deutlich artikuliert sprechen können.
Im folgenden schlage ich einige Übungen vor, die die 3 Bereiche Präsenz, Sprache und Typisierung erfassen.

a) Präsenz

Die folgenden Übungen setzen die Bereitschaft des Spielers voraus, sich auf Kritik von außen einzulassen und auch mehrmaliges Wiederholen einzelner Szenen nicht zu scheuen. Die Übungen machen Spaß und führen „so ganz nebenbei" zu einem positiven Lerneffekt.

1. Aufgehende Sonne

Die Spieler stehen in neutraler Haltung im Raum. Gemeinsam versuchen sie, auf ein Kommando des Spielleiters, mit Hilfe ihrer Arme die aufgehende Sonne darzustellen.
Dazu beginnen sie mit einer leichten Aufwärtsbewegung der Arme, die nachher zu einem „vollen Sonnenball" wird. Die Bewegung kann mit einem anschwellenden Geräusch gekoppelt werden; das vereinfacht die Vorstellung. In einem zweiten Teil wird die Bewegung mit Text unterlegt.

Den Text kann sich jeder Spieler selbst ausdenken.

(Beispiele für Texte: Ich bin's; Einen schönen guten Abend; Willkommen; Es beginnt; Für Euch; Hallo; Und nicht vergessen; Hier und heute; Ich grüße Euch!)

Als Kontrast gut geeignet: Einmal das Wort „Willkommen" mit der Bewegung der „aufgehenden Sonne", einmal mit einer abrupten öffnenden Bewegung der Arme.

Welche Methode wirkt auf mich als Zuschauer intensiver, deutlicher?

2. *It's show-time*

Alle Spieler finden sich zu 2er Gruppen zusammen. Sie erhalten die Aufgabe, eine kurze, unsinnige Szene so zu präsentieren, daß sie beim Zuschauer ankommt.

Hier ein paar Beispiele:

Eröffnung der ersten Gebrauchtkaugummiausstellung der Welt; Präsentation des neuen Marktrenners Zuckerwürfelformer; Einweihung des 1. Wissenschaftlichen Instituts für die exakte Longitudinalmessung von italienischen Spaghetti; Krönung der Kartoffelprinzessin (des Rhabarberfürsten); Hochzeit von Narbenilse und Pickelpeter, Ausstellung zur Geschichte der Senftube, 3. Kongreß über die Hüpffähigkeit von Hamburgern; Verleihung des Hosenträgerordens für den strammsten Gummizug der Welt.

Welche spielerischen Momente sind wichtig, um zu überzeugen? Oft ist es gut, allen Spielgruppen die gleiche Szenenvorgabe zu geben. Nachher kann man dann anhand der

Ergebnisse analysieren, warum gerade die „eine" Präsentation so viel überzeugender war, als die andere.

3. *Schau mir in die Augen, Kleines*
Alle Spieler gehen beliebig im Raum umher. Wenn sie auf einen Mitspieler treffen, schauen sie diesem direkt in die Augen. Wie lange hält man das aus? Wer sieht als erster weg? Dies versucht man mit möglichst vielen Mitspielern. Bei welchem Mitspieler fällt es einem leicht, bei welchem bricht man schon nach kurzer Zeit ab?
Nach dieser Übung spielt man eine kurze Szene mit einem Partner. Die anderen Spieler beobachten, welche Auswirkungen der Blickkontakt der Spieler auf sie als Zuschauer hat. Wann wirken die Spieler besonders präsent?

4. *Wo stehe und bewege ich mich im Raum?*
Ein Spieler geht diagonal über die Spielfläche von vorn nach hinten. Ein anderer Spieler geht die Diagonale entgegengesetzt. Ein Spieler geht die Spielfläche von vorn nach hinten, wieder ein anderer parallel zur Bühnenkante. Ein Spieler geht rückwärts über die Bühne, ein anderer macht unendlich viele Pausen.
Für welche Themen, Texte, Ideen eignen sich welche Bühnenbewegungen?
Wann benutze ich die Diagonale, wann die Senkrechte, wann die Parallele? Wenn man einen kurzen Text hat, sollten damit alle „Bühnengänge" durchgelaufen werden. So erhält man die genauesten Informationen darüber, welche

Texte zu welchen Bewegungen passen und dadurch am überzeugendsten wirken.

5. *Kreuzverhör*

Alle Spieler sitzen im Halbkreis; einer sitzt in der Mitte. Die Gruppe macht jetzt 2 Minuten lang Bemerkungen über den Spieler in der Mitte (Bekleidung, Aussehen, Gesicht, Körperhaltung ...). Die Bemerkungen sollten kritisch, lustig aber auch überzogen, bösartig und anderes sein. Der Spieler wird nachher befragt, welche Wirkungen die Bemerkungen bei ihm hervorgerufen haben, und wie gut er diese „Beschreibung seiner Person" ausgehalten hat. Könnte er auf der Bühne spielen, wenn das Publikum solche Bemerkungen über ihn machen würde?

Die Übung sollten mehrere Spieler „erleben".

Beispiele für Bemerkungen:

kritisch: Schuhe öfter putzen, Hemd farblich nicht zur Hose passend, häßliche Socken

lustig: witzige Sommersprossen, Augenbrauen korrekt gekämmt, Ohrläppchen markant gebogen, tollen Knopf an der Hose

überzogen: wundervoll edelteure Armbanduhr, traumhafte Wangenknochen, Haar wie samtweiches Fell, taufrisches Kinn

bösartig: vorstehende Zähne, dreckige Fingernägel, schlaffer Hintern, zynische Schlitzaugen, geistlose Leere im Gesicht, Flecken im Hemd, Dreckrand am Halsansatz.

6. Ich komme

Diese Übung sollte von jedem Spieler erprobt werden. Sie erhalten die Aufgabe, einen Auftritt zu gestalten. Dazu werden ihnen ein paar Beispiele wie *gehen, laufen, stolpern, fallen, schlendern, fliegen, erscheinen, auftauchen, da sein* ... gegeben.

Eine kurze Zeit zur Probe sollte ihnen gegeben werden, außerdem ist der folgende Hinweis wichtig: Jeder Auftritt beginnt nicht mit dem 1. Schritt auf die Bühne, sondern vorher im Kopf. Der eigentliche Auftritt erfolgt vorher, noch im „Nichts"; der 1. Schritt auf die Bühne muß aus einer Bewegung heraus erfolgen und darf nicht erst hinter der „Schwelle" beginnen.

b) Sprache

Warum ist gerade Sprache so wichtig?

Weil oft und häufig Silben verschluckt werden, Endungen nicht ausgesprochen werden, die Formen der Stimmvariationen (hoch/tief/laut/leise) nicht gekonnt werden oder stark dialektgefärbt gesprochen wird.

Die im folgenden vorgeschlagenen Übungen müssen öfter eingesetzt und auch gezielt wiederholt werden, um Stück für Stück eine verbesserte Sprache zu erreichen.

1. Atemübungen

a) Erleben der veränderten Atmung bei veränderter Körperhaltung

Alle Spieler liegen entspannt auf dem Boden und atmen ruhig ein und aus. Sie konzentrieren sich dabei nicht auf den Atemrhythmus, sondern auf die durch das Atmen hervorgerufenen Muskelbewegungen. Danach verändern sie ihre Lage (zum Beispiel stabile Seitenlage, Embryonalstellung, Arme und Beine weit gespreizt) und beobachten erneut die verschiedenen Muskelbewegungen beim Atmen.

Danach steht jeder Spieler auf und nimmt verschiedene stehende Positionen ein. Er sagt einen kurzen Satz und versucht dabei erneut zu spüren, woher die Atmung kommt, beziehungsweise welche Muskeln dabei benutzt werden.

b) Partnerübungen zur Sprachatmung

Jeweils 2 Spieler stehen sich gegenüber und berühren - mit ausgestreckten Armen - die Hände des Partners. Sie versuchen, sich gegenseitig wegzuschieben und dabei ein Geräusch zu geben (f, sch, m). Der Partner sollte den Widerstand mal schwach, mal stark, mal gar nicht erwidern.

Welche Wirkung hat fehlender Widerstand auf die Atmung?

c) Partnerübung zum Atemzentrum

Ein Spieler stellt sich hinter einen anderen Spieler und legt seine Hände dem anderen auf die 2 untersten Rippen. Dieser atmet ein und aus. Bei richtiger Atmung müssen die Hände beim Einatmen nach außen gedrückt werden, beim Ausatmen gehen die Hände wieder zurück. Beim Einatmen wird der Bauch zuerst mit Luft gefüllt, beim Ausatmen zuerst geleert.

Wichtig ist es, nicht verkrampft zu atmen, sonst gelingt die Übung nicht.

2. Resonanzräume

Es gibt verschiedene Resonanzräume; Kopf, Hals, Bauch, Brust und Rücken. Wie findet man diese heraus?

Der Spieler summt einen Ton „mmmm" und versucht, diesen Ton in alle Resonanzräume zu bringen.

Wie klingt ein „mmm" im Kopf, wie im Bauch? Ebenso kann man Vokale laut singen. Dabei bewegt man sich von einer gestreckten Haltung bis in die Hocke. Wann klingt der Vokal wie? Wenn man alle Vokale durchprobiert, entdeckt man, daß sie verschieden klingen, zum Beispiel das „u" in hockender Position anders als in gebeugter Haltung.

3. Ton abnehmen

Die Spieler sitzen im Kreis. Ein Spieler summt einen Buchstaben und gibt diesen dann über Fingerkontakt an den Nebenmann weiter. Dieser soll den Ton in Höhe und Intensität genau übernehmen. Erst wenn der Ton „korrekt sitzt", darf er an den Nebenspieler weitergegeben werden. Statt Fingerkontakt kann auch mit Blickkontakt gearbeitet werden. Später kann man noch den Ton an- und abschwellen lassen, dabei aber die Tonhöhe zu halten versuchen.

4. Laut/Leise

Den Spielern wird eine kurze Szenenvorgabe gegeben, die sie ausführen sollen (Beispiel: Begrüßung, Anrempeln, Abschied, Stoß). Die Begegnung soll einmal laut und lärmend mit dazugehöriger intensiver Bewegung und einmal leise und fast unscheinbar geschehen. Ähnlich kann ein Rempeln mit „Ejh" oder mit „Oh, Verzeihung" gespielt werden. Spannend sind hier die Unterschiede. Wie wirkt eine dynamische Bewegung mit leiser Begrüßung, wie ein rüpelhaftes Anstoßen mit einem leisen „Oh, Verzeihung"?

5. Artikulationsübungen
Ein Teil dieser Übungen erscheint zwanghaft, weil man keinen Sinn in den Sätzen oder Satzteilen finden kann. Natürlich kommen die meisten Satzteile in dieser Extremform nicht vor. Zu Übungszwecken sind sie aber gut geeignet. Auch ein Schwimmer hat mal mit Schwimmflügeln angefangen, obwohl diese für sein späteres Schwimmen keine Bedeutung mehr haben.

a) Vorsilbenübung
An den folgenden Beispielen soll die Betonung beziehungsweise Nichtbetonung von Vorsilben geübt werden. Beispiel: Bei „hingeben" wird die Vorsilbe „hin" betont, bei „hinüber" aber nicht.

Übungen
betont: vorsichtig, vorher, hinhören, hinlegen, zugegeben, voreilig, zuschauen, vorsprechen, hinschauen, hingeben

unbetont: zusammen, hingegen, voraus, vorüber, zufolge, darüber, dabei, dahinter, zugegen, zurecht

b) Geläufigkeitsübungen
Am besten beginnt man die folgenden Sätze zuerst silbenweise zu zerlegen und jede Silbe einzeln zu sprechen.
Erst danach versucht man sich an dem gesamten Satz.

Übungen:

1. Ob er aber über Oberammergau, oder aber über Unterammergau oder aber überhaupt nicht kommt, ist nicht gewiß.
2. Blaukraut und Brautkleid sind graublau.
3. Zwitscherzischers Zwetschgenschnaps.
4. Helfe, Held, dem der elend lebte, eh' er erkennend gelernt, fremder Herren Geld zu verwerfen.
5. Leben liegt zwischen Lachen und Leiden.

c) Rufübungen

Die folgenden Textausschnitte sollen in verschiedener Tonhöhe und Lautstärke gesprochen werden.

Übung:

    1. Es naht! Es naht
       mit mutiger Hast!
       Sie weht, sie weht
       die Flagge am Mast.

    2. Hallo Endrine!
       Hallo Ernesto,
       Hallo Du.

    3. Blast, stoßt Luft in die Trompete,
       der König ist nicht mehr weit!

d) Saubere Artikulation

Die folgenden Beispiele sollen öfters wiederholt werden.

Übung:

Stück gemessen	Stücke messen
knapp bezahlt	Knappe zahlt
Geschick gemacht	Geschicke macht
Sieb brennt	sie brennt
dick gesät	Dicke sät
Druck gelitten	Drucke litten
Strom messen	Stroh messen
rasch schreiten	rasch reiten
sieht sinken	sieht Zinken
Bettdecke	Bettecke

6. *Grommolo*

Die Spieler erhalten eine kurze szenische Vorgabe und sollen dazu Geräusche (Grommolos) entwickeln, die die Situation erkennbar machen. Beispiele für Situationen sind: Eifersucht, Befehl, Klopfen, Autobahn, Ärger, Liebe.

Danach sollte ein kurzer, vorher inhaltlich abgesprochener Dialog in Grommolo gespielt werden.

Beispiel:

A: Morgen (bin müde)
B: Morgen! (ich bin total fit)
A: Morgen? (erst morgen?)

B: Morgen! (jetzt hab ich es schon 3 mal gesagt)
A: Morgen (auch egal)

c) Typisierung

Hier geht es darum, einige Übungen anzugeben, mit Hilfe derer die Spieler „relativ einfach" zu „guten Typen" kommen. Zusätzlich zu den Übungen helfen gezielte Beobachtungen (siehe auch das nächste Kapitel).

1. **Tiercharakter**

    Um einen typischen Charakter zu finden, übernimmt jeder die Charaktereigenschaften „seines" Tieres. Dazu wählt er vorher ein „Lieblingstier" aus und versucht, die für dieses Tier typischen Eigenschaften herauszufinden.
    Beispiele:
    Katze: vorsichtig schleichend, sprungbereit, verspielt.
    Delphin: ästhetisch gleitend, Gefahr im Vorfeld vermeidend. *Elefant:* tapsig, klobig, im rechten Moment voll da.
    Huhn: flatterig aufgedreht, hüpfend.
    Oft ist es gut, zur Charakterfindung auch mit typischen Tierbewegungen zu beginnen, erst später im „aufrechten Gang" zu spielen. Die Tiereigenschaften behält man bei und improvisiert dazu eine Szene aus dem „vollen Menschenleben" (zum Beispiel: Abends auf dem Zeltplatz).

2. **Statusstufen**

    5 Spieler erhalten Karten, auf denen die Zahlen 1 bis 5 notiert sind. Untereinander kennen sie ihre Karte nicht, der

Zuschauer ebenso nicht. Danach wird ein „Raum" vorgegeben, in dem die Personen aufeinandertreffen sollen. Dabei soll der Spieler mit der Karte 1 einen hohen Status spielen, die folgenden Spieler in ihrem Status immer weiter sinken, bis der Spieler mit der Karte 5 den niedrigsten Status hat. Die Spieler sollen nun versuchen, ohne den Status sofort zu versprachlichen (zum Beispiel: Hoher Status - *fahre nach Kitzbühl*, niederer Status - *mä machen nach Malorchka*) dem Zuschauer und sich selbst den Status vorzuspielen. Erkennt man als Zuschauer, welcher Spieler welchen Status verkörpert? Wie reagieren die Spieler untereinander? Es ist günstig, die Spieler nacheinander in den Raum kommen zu lassen.

Beispiele für „Räume":

Flur im Arbeitsamt, Elternabend Klassenraum, Beim Zahnarzt im Wartezimmer, Im Beerdigungsinstitut.

3. Grundtypen

Man stellt den Spielern 4 verschiedene, über Körperhaltung gewonnene Figuren vor. Mit diesen Figuren wird dann eine Szene gestaltet.

Die Typen:

faul, zufrieden

Bauch und Becken vorstrecken

hochnäsig, edel

gerade stehend, Spannung bis in das erhobene Kinn, von oben guckend

unsicher, ängstlich
Schultern hoch, Kopf dazwischen, ständig mit den Händen kleine Bewegungen
stark, cool
Brust raus, Arme an den Ellenbogen abwinkeln und hängen lassen

Jetzt werden 2 Spieler ausgewählt. Jeder wählt sich eine Haltung aus und spielt in dieser Haltung mit dem sich daraus ergebenden Text die Szene „Bahnsteig".
Szene:
Zwei Spieler stehen sich auf durch Gleise getrennten Bahnsteigen gegenüber. Der eine Spieler hat 10 DM, die aber nicht in den Fahrkartenautomaten passen, der andere hat eine Karte. Der Besitzer der 10,- DM soll nun versuchen, den anderen zu bewegen, ihm zu wechseln oder den Fahrschein abzutreten. Der Weg über die Gleise ist verboten. Das Spiel kann mehrmals mit jeweils anderen Spielern und Haltungen gespielt werden.

4. **Status nach Text**

   Je zwei Spieler erhalten einen kurzen, vorgegebenen Text. Gleichzeitig erhalten sie die Anweisung, in welchem Status sie ihre Rolle spielen sollen. Spannend sind hier vor allen Dingen die Umkehrungen.
   Der Text:
   A: Herei
   B: (kommt)

A: Setzen Sie sich, Herr Schmidt.
B: (setzt sich)
A: Ich nehme an, Sie wissen, warum ich Sie habe rufen lassen.
B: Nein. Was ist, bitte?
A: (klopft auf die Zeitung vor ihm)
B: (erschrickt) Ich habe gehofft, Sie würden das nicht sehen.
A: Sie wissen, daß wir niemanden mit krimineller Vergangenheit beschäftigen.
B: Könnten Sie nicht vielleicht eine Ausnahme machen?
A: Nein.
B: Könnten Sie sich das nicht noch mal überlegen?
A: Auf Wiedersehen, Herr Schmidt.
B: Ich wollte diesen blöden Job sowieso nicht.

Erste Spielmöglichkeit:

Der Chef (A) hat einen hohen Status, B hat einen niedrigen. Das ist oft, da bekannt, ziemlich langweilig.

Zweite Spielmöglichkeit:

Umkehrung der Verhältnisse, der Chef hat den niedrigen Status, B den hohen.

Dritte Spielmöglichkeit:

Beide haben den gleichen Status.

Läßt man die Übung mehrmals hintereinander mit immer anderen Spielern spielen, erhält man einen guten Überblick über die Gestaltungsfähigkeit der Spieler.

5. Regie-Spiel

Jeweils 2 Spieler erhalten eine kurze Szenenvorgabe, die sie spielerisch gestalten sollten. Dabei entwickeln sie neben dem Text auch die Regieanweisung mit, das heißt, der Spieler sagt neben der Regieanweisung (in Klammern geschrieben) auch seinen die Szene fortführenden Text.

Das sieht dann so aus:

Beispiel: Szene „An der Kinokasse"

Er: Ich hätte gerne eine Karte.
Sie: (sagt er und lächelt dabei freundlich) Ich habe keine mehr!
Er: (sagt sie und grinst provokant) Das ist aber schade!
Sie: (sagt er und blickt enttäuscht) Obwohl, vielleicht ...
Er: (sagt sie und schaut nach hinten) Ich zahl auch etwas mehr.
Sie: (sagt er und hofft) ....
und so weiter ...

Beispiel: Szene „Kiosk im Strandbad"

Er: Ich möchte 3 Eis zu 50 Pf
Sie: (sagt er und schmunzelt) Wie bitte?
Er: (sagt sie und lacht) 3 Eis zu 50:
Sie: (sagt er und faltet die Hände) Ach so!
Er (sagt sie und schaut ihm in die Augen) Möchten Sie auch eins?
Sie (sagt er und zählt sein Geld) Naja, wieviel wollen Sie denn ausgeben?

Er: (sagt sie und guckt provokant) 2,- DM?
Sie: (sagt er ...)
und so weiter ...

Beispiel: Zuschauer beim Länderspiel

Er 1: War das ein Schuß!
Er 2: (sagt er und haut seinem Nachbarn die Faust ins Kreuz) Naja.
Er 1: (sagt er und verzerrt das Gesicht vor Schmerz) Super sag ich, einfach Super.
Er 2: (sagt er und klopft erneut auf die Schulter) Nationalmannschaftsreif.
Er 1: (sagt er und tritt ihm auf den Fuß) Wenn der nur mehr Tore machen würde, diese Träne.
Er 2: (sagt er und hüpft von einem Bein auf das andere) 12 sind zu wenig.
Er 1: (sagt er und reißt die Arme in die Höhe) Tor, Tor, Tor ...
Er 2: (brüllt er und umarmt seinen Nebenmann) Endlich mal ein echter Knaller.
und so weiter ...

6. Körperwelle

Alle Spieler stehen so im Raum, daß sie genügend Platz um sich herum haben. Auf ein Kommando des Spielleiters versuchen alle Spieler, eine Welle durch ihren Körper wandern zu lassen, das heißt, eine Bewegung zu vollführen, die einer Wellenlinie ähnelt (Knie vor, dann Knie zurück, gleichzeitig Becken vor und zurück, Schultern usw.).

Jeder Spieler sollte sein individuelles Tempo finden.

Auf ein Kommando des Spielleiters bleiben alle in der momentanen Haltung stehen. Jetzt wird ihnen ein kurzer Satz vorgegeben (zum Beispiel: Ich bin der/die Schönste in der Stadt). Während der Spieler in der gefundenen Haltung durch den Raum geht, sagt er jedem, den er trifft, diesen Satz.

Variation: Jeder hat sich einen eigenen Satz ausgedacht. Diesen Satz muß er nun in der durch die Welle gewonnenen Haltung mitteilen. Spannend wird die Sache, wenn man die Übung mehrmals wiederholt, also immer andere Körperhaltungen einnimmt, aber jedesmal denselben Satz verwendet.

Wenn man sich nachher ein paar Beispiele exemplarisch vorspielen läßt, wird man entdecken, welche verstärkende, schwächende oder karikierende Bedeutung die Körperhaltung für den Text haben kann.

6. Themenfindung

In diesem Kapitel geht es um verschiedene Zugänge, mit Hilfe derer man zu Themen, Szenen, Songs und Ideen kommen kann. Eine grobe Einteilung zeigt drei mögliche Wege:
a) Ein eher spielerischer Zugang zur Themenfindung
b) Ein eher methodischer Zugang
c) Die vorgefertigte Themenliste
Im folgenden sollen die drei verschiedenen Zugangsarten anhand verschiedener Beispiele ausführlicher vorgestellt werden.

Methode 1: Der spielerische Zugang
Die Spieler sind aufgefordert, „spontan und jetzt" auf vorgegebene Impulse hin Begriffe, Ideen und Texte zu entwickeln.

a) Brainstorming
   Ein Begriff, zum Beispiel Wasser, wird vorgegeben und danach fünf Minuten Zeit gelassen, alles zu notieren oder zu nennen, was einem zu diesem Begriff einfällt (eventuell auf Kassette aufnehmen). Aus der Verbindung verschiedner Einfälle entstehen dann oft gute Geschichten.

b) Stichwortassoziation
   Der Spielleiter gibt zu einem Oberthema schon Stichworte vor, zu denen bekannte, erlebte oder erdachte Geschichten genannt werden. Zum Stichwort Urlaub am Meer zum Beispiel: Badehose, Luftmatraze, Quallen, Sonnenuntergang, Sturm, Sand, Eis, Wanderung, Sonnenbrand, Bootsfahrt, Animation, Fisch.

c) Meditation

Zu beruhigender Musik wird ein kurzer Text vorgelesen, der in die Stimmung der Geschichte einführen soll. Die Spieler sollen später ihre Empfindungen durch Worte oder Bilder ausdrücken. Ein Beispiel: Du liegst an einem Strand im warmen Sand. Nach einiger Zeit stehst du auf und gehst ein Stück, immer mit den Füßen am Wasser lang. Du spürst das warme Wasser unter deinen Fußsohlen. Da entdeckst du eine Flasche. Sie ist verschlossen. Du hebst sie auf und öffnest sie. Es befindet sich ein Zettel darin. Du rollst ihn auf und liest, was darauf geschrieben steht.

d) Stehendes Bild

Alle Spieler sitzen im Kreis. Eine Situation wird vorgegeben, zum Beispiel: Ein Mann mit Koffer steht am Bahnhof - er reist ab. Zu dieser Person stellen sich alle anderen in für sie typischen Haltungen, die zugleich ihre Beziehung zu der Person deutlich machen. Danach sagt jeder einen Satz zu der zu verabschiedenden Person. Kann man aus der kurzen Szene die Vorgeschichte erahnen und das Bild zu einer kompletten Szene ausbauen?

e) Methode 3x5

Die folgenden drei Seiten werden als Muster für jeden Spieler hergestellt. Danach trägt jeder Spieler unter I drei Ideen ein. Dann gibt er sein Blatt an den Nebenspieler weiter, der versucht, in Spalte II die vorgegebenen Ideen weiterzuspinnen. Hier ein Beispiel für eine fertige Liste:

I.	Peter hatte eine schlechte Note in Mathe geschrieben. Er wollte nicht nach Hause
II.	Seine Mutter war immer brutal zu ihm. Schon bei der letzten 6 hatte es Terz gegeben.
III.	Er kaute auf den Nägeln, bis er nach Hause kam. Seine Mutter erwartete ihn schon. „Her mit der Arbeit", empfing sie ihn.
IV.	Er rannte in sein Zimmer und rammelte den Tisch vor die Tür.
V.	Es half nichts. Sein Stiefvater zog den Gürtel aus der Hose und schlug zu.

I.	„Aber Doktor", sagte Schwester Elke, „wenn uns jetzt jemand zusieht und Ihre Frau anruft ..."
II.	Sie konnte nicht weitersprechen, denn ein inniger Kuß von Dr. Edward unterbrach sie. Langsam zog er sie auf den OP.
III.	„Aber Herr Doktor"! Elke war sichtlich verstört. „Nenn mich einfach Knut." „Du, Knut, meinst du nicht, ein OP ist für andere Zwecke ..."
IV.	Doch Knut hörte sie nicht mehr. Seine Frau war eingetreten. Sie liebte Knut immer noch, obwohl sie ihn 3mal getroffen hatte, mit der 45er.
V.	Sie legte die 45er aus der Hand und sagte: „Gute Arbeit, das war nötig!" Elke erstarrte vor Schreck.

I.	Ein Vertreter kommt in ein Armutsviertel. Er geht mit dem Staubsauger auf eine Hütte zu.
II.	Die Frau ist allein. Sie versteht kein Wort von dem schnellen Gerede und lehnt ab.
III.	Der Vertreter zeigt ihr, wie dreckig ihre Bude ist und weist auf die Vorteile des Turbos im Sauger hin.
IV.	Die Frau kann sich nicht wehren und kauft (Raten) den Sauger. Sie unterschreibt, der Vertreter geht weiter.
V.	Die Frau ist wieder allein. Sie will den neuen Turbosauger testen. Doch in der Hütte ist gar keine Steckdose.

Methode 2: Der methodische Zugang

Diese Methode fordert vom Spieler, sich über einen längeren Zeitraum mit einer Sache zu beschäftigen und auf möglichst vielfältige Weise Informationen zu sammeln.

a) Standard-Themen sind vorgegeben
   Mit Hilfe der folgenden Themen läßt sich, vor allen Dingen bei trägen Gruppen, ein guter Einstieg finden.
   - Liebe
   - Geld
   - Hunger
   - Befreiung
   - Ehre
   - Karriere
   - Verbrechen
   - Urlaub
   - Tod
   - Glück
   - Dummheit
   - Erfolg
   - Krankheit
   - Macht
   - Gefahr

b) Medieninformation
   Man besorgt sich am Freitag der Woche alle möglichen Zeitschriften, die man beschaffen kann (eventuell auch die Exemplare der letzten Woche, die bekommt man manchmal geschenkt), und liest diese systematisch unter der Zielrichtung durch „Ist hier etwas Spielbares dabei?".
   Es sollte ein möglichst breites Spektrum von Zeitschriften benutzt werden; gerade die untypischen Zeitschriften haben oft genau die gesuchten Geschichten.
   Beispiele:
   Blinker, Bäckerblume, Sonntagsblatt, Playboy, Titanic, Heim und Welt, St. Pauli Nachrichten, Eltern, Auto-Motor-Sport, Medi- und Zini.

c) Beobachtungsaufgaben

Die Spieler erhalten einen festen Standort zugeteilt, an dem sie zu bestimmten Zeiten (Ruhezeiten, nachts, vor Tagesanbruch, Feierabend) gezielte Beobachtungen durchführen sollen. Mögliche Orte sind dabei: Bushaltestelle, Auf dem Markt, In der Bahnhofshalle, Auf dem Schulhof, Bei McDonalds.

d) Leerhülsen

Eine Geschichte ist schon da. Das Thema und die Personen sind darin aber beliebig austauschbar. Welches Thema interessiert uns?

Beispiel für eine Leerhülse: **Der Vogel**

1. In einem dunklen Wald gibt es einen großen Baum.
2. Auf dem Baum sitzt ein Vogel und zwitschert.
3. Eine Katze kommt und will den Vogel fressen.
4. Der Vogel fliegt davon.
5. Er findet keinen anderen Baum und kommt zurück.
6. Die Katze kommt erneut.
7. Der Vogel hat Angst. Er sucht nach einem anderen Baum.
8. Er sucht im Osten. Nichts.
9. Er sucht im Westen. Nichts.
10. Er sucht im Norden. Nichts.
11. Er sucht im Süden. Nichts.
12. Er fliegt zurück zu seinem alten Baum.
13. Die Katze ist wieder da.
14. Der Vogel weiß sich keinen Rat mehr und wird zur Katze.

Diese Geschichte wird jetzt auf ihre markanten Punkte hin untersucht und dann schematisch notiert. In den folgenden Spalten werden dann die möglichen Übertragungen eingetragen. Zwei Beispiele:

Leerhülsen	1. Idee	2. Idee
1. Ein Ort ist festgelegt.	Aussiedlerheim	Schulhof
2. Eine Person A ist da.	Aussiedlerkind	Schüler Klasse 10
3. Eine andere Person B will etwas Unangenehmes von A.	Heimleiter will Kind ausweisen	Klassenlehrer hält Moralpredigt.
4. A läuft weg.	Kind haut ab.	Schüler geht weg.
5. A kommt zurück.	Kind findet kein anderes Heim.	Andere Schulen nehmen ihn nicht.
6. B will immer noch etwas Unangenehmes von A.	Erneute Androhung der Ausweisung.	Wieder hält der Lehrer seine Moralpredigt.
7. A bekommt Angst und haut wieder ab.	Kind haut ab.	Schüler geht nochmal.
8. A geht nach Osten.	Geht zum Sozialamt. Hat keine Papiere.	Geht jobben. Kinderarbeit ist verboten.
9. A geht nach Westen.	Versucht es mit betteln. Reicht nicht.	Wird Straßenmusiker. Geld zu gering.
10. A geht nach Norden.	Schwarzarbeit. Wird betrogen.	Verkauft seine Platten. Geld reicht nur 3 Tage.
11. A geht nach Süden.	Sucht alte Freunde auf. Haben ihn vergessen.	Bewirbt sich bei Firmen. Fällt durch.
12. A kommt zurück.	Geht zurück ins Heim.	Geht zur Schule
13. B ist immer noch da.	Der Leiter droht ihm	Moralpredigt
14. A wird wie B.	Kind paßt sich an.	Schüler paßt sich an.

Weitere mögliche Ideen:
Eine Schwangere möchte abtreiben (1-7)
Sie sucht Möglichkeiten (Schweiz, England, ...) (8-11)
Sie kriegt das Kind (12 - 14)

Ein Jugendlicher wehrt sich gegen Autoritäten (1-7)
Er sucht nach Alternativen (CVJM, Grüne, ...) (8-11)
Er wird selbst autoritär (12-14)

Leerhülse **König**
1. Ein König stirbt.
2. Er hinterläßt ein Testament mit Bedingungen für seine Nachfolge.
3. Es darf nur der neuer König werden, der etwas „Einmaliges" kann.
4. Verschiedene Typen kommen und scheitern.
5. Der Letzte hat nichts außer sich selbst. Er wird König.

Leerhülse **Krieger A**
1. In einem Königreich ist alles friedlich.
2. Eines Tages bietet ein Krieger seine Dienste an, er will das Land beschützen.
3. Der König braucht keine Krieger und schickt ihn weg.
4. Ein großer Drache kommt ins Land.

Leerhülse **Krieger B**
1. In einem Königreich ist alles friedlich.
2. Eines Tages kommt ein Krieger und bietet seine Dienste an.

3. Der König nimmt den Krieger an.
4. Der Krieger gründet eine Armee und beginnt Krieg.
5. Das ganze Land ist verwüstet.
6. Der Krieger wird König.

Die Umsetzungen der Leerhülsen **Krieger** und **König** bleibt den Lesern selbst überlassen.

Methode 3: Die vorgefertigte Themenliste

Für alle, die es eilig haben, die lieber anhand einer handfesten Vorgabe arbeiten oder einfach keine guten Ideen haben, aber sofort spielen wollen, hier eine Liste möglicher Themen (die Umsetzung zu Spielszenen bleibt trotzdem noch):

- Fragen zur Lebensqualität
- Ideen zum Jahr des Kindes, ... des Schachtelhalms, ... des Liebesentzugs
- Fernsehparodien auf Quiz, Show, Serie, Magazin
- Schulpolitische Themen (Hofdienst, na und?)
- Das soll alles sein?
- Betrachtungen zum Umgang mit Zeit
- „Kurzumwelt" Umweltproblematik an Beispielen
- Trends in der Mode
- Umgang mit der ersten Liebe
- Generationskonflikte
- Urlaub und seine Rituale
- Neuer Trend: Tanzstunde
- Meine Eltern verstehen mich nicht

- Sporttrends und Gesundheit
- Ich bin recht(s)radikal
- Ich liebe Ede (v).
- In der Hölle ist was los
- 1984, alles registriert
- Diese Scheibe ist ein Hit
- Kaufrausch
- Die 3. Welt (Wer hat die numeriert?)
- Meine Tante ist süchtig

Wenn man jetzt, egal welchen Weg man bevorzugt, sein Thema gefunden hat, geht es an die Umsetzung ins Spiel.
Dazu gibt das nächste Kapitel verschiedene Hinweise.

7. Szenenbaukasten

In diesem Kapitel wird der „Kabarettbaukasten" vorgestellt. Er besteht aus den vier Elementen „Räume, Typen, Spielarten und Anlässe". Zusammen mit dem vorherigen Abschnitt „Themen" kann man komplette Szenenabläufe theoretisch vorbereiten oder als Spielimpuls zusammenstellen. Bevor das an einigen Beispielen näher erläutert wird, erstmal die Vorstellung der Elemente.

Element 1: Räume

Jede Szene findet in einem definierten Raum statt. Dieser Raum muß nicht mit Hilfe aufwendiger Kulissen konstruiert sein, er kann durch einfache Hilfsmittel oder allein durch Text hergestellt werden. Für das Kabarett eignen sich folgende Räume:

- Hausflur eines Mietshauses
- Fernsehstudio
- Vor dem Supermarkt
- In der Kneipe
- Am Stammtisch
- In der Kantine
- Im Büro
- Im Fahrstuhl
- In der Kirche
- Im Schwimmbad
- Auf dem Marktplatz
- Auf der Parkbank

- Am Bahnsteig
- Im Wartezimmer (jede Art, zum Beispiel Arzt, Sozialamt)
- Im Probenraum
- An der Haltestelle
- Auf der Wiese

Element 2: Spielarten

Im Laufe der Zeit hat das Kabarett einige für sich typische Spielformen entwickelt, die aber in letzter Zeit durch eine Vielzahl weiterer, meist aus dem Straßentheater übernommener Methoden, ergänzt worden sind. Im einzelnen bieten sich hier an:

- Moritat (Bänkelgesang mit Bebilderung)
- Couplet (humoristischer Sprechgesang mit Wiederholungen
- Gespräch mit einem imaginären Partner
- Sprechchor/chorischer Text
- Puppenspiel (Flachpuppen/Kochlöffelpuppen)
- Clownsszenen
- Großfiguren
- Diaprojektionen (vorher erarbeitet)
- Mitspielaktionen
- Sketche der „klassischen Art"
- Blackouts (hintereinander gespielte Witze)
- Gesang - Methode:
  alte, bekannte Melodie, neuer Text
- Parodie
- Verfremdung

Element 3: Typen

Gerade Kabarett bedarf der überzogenen, übertriebenen Darstellung. Dazu eignen sich eine Vielzahl von Typen, die aufgrund „einfacher Macken" relativ leicht spielbar sind.

Da sind:

- Politiker
- Hausmann
- Touristen
- Skin/Punk
- Tierfreund
- Bauarbeiter
- Moderator
- Klofrau
- Reporter
- Manager
- Alte Leute
- Mutter mit Kind
- Verkäufer
- Emanze
- Professor
- Macho

Element 4: Anlässe

Bleiben noch die Anlässe, die unseren Baukasten komplettieren:

- Zeitungslektüre
- Umfrage
- Anhörung
- Unterhaltung
- Nachrichten
- Reportage (Mauerschau)
- Debatte
- Quiz
- Diskussion
- Telefonat
- Brief
- Vortrag
- Talkshow

Jetzt haben wir vier Elemente, zusammen mit den Themen eigentlich fünf, aus denen wir eine Unzahl Ideen und Spielszenen gewinnen können. Aus jedem Baukastenelement ein oder mehrere Teile gewählt und zusammengestellt, und schon ist das Kabarett „fast" fertig.

Hier ein paar Beispiele:

1. Element Raum: Kneipe
   Element Typ: Bauarbeiter
   Element Anlaß: Diskussion
   Element Art: Szene
   Thema: Recht(s)radikal

2. Element Raum: Parkbank
   Element Typ: Penner
   Element Anlaß: Zeitungslektüre
   Element Art: Couplet
   Thema: Urlaub

3. Element Raum: Treppenhaus
   Element Typ: Hausmänner
   Element Anlaß: Gespräch
   Element Art: Sprechchor
   Thema: Meine Eltern verstehen mich nicht!

Ich hoffe, man sieht, wie vielfältig das Baukastensystem sein kann. Es sollte nicht als sturer Schematismus verstanden und benutzt werden, sondern immer der jeweiligen Situation angepaßt werden.

Ein kleiner Tip noch zum Schluß: Wenn man die Räume alle auf einzelne Karten schreibt und ebenso mit den anderen drei

Elementen verfährt, und dann aus jedem Stapel eine Karte ziehen läßt, entstehen die groteskesten Ideen, die zu hervorragenden Szenen führen können.

Ein letztes Beispiel dazu:
Zwei alte Leute singen im Fahrstuhl ein Couplet über EDE V.
Wie eine solche Szene wohl aussieht?

8. Vom Thema zum Stück, zwei Beispiele

In diesem Kapitel wird anhand zweier Beispiele ausführlicher gezeigt, wie aus einem vorgegebenen Thema verschiedene Szenen entstehen können.

Es sollte eine Szene zum Thema „**Das 1. Mal**" entstehen. Spontan kamen ein paar Ideen, die aber allesamt nicht spielbar waren. Also mußte eine andere Annäherung an das Thema gefunden werden.

Dazu wurden drei verschiedene methodische Zugänge gewählt:

1. Weg: Spiele

Die Spieler erhalten Karten, auf denen eine Situation vorgegeben wird. Die beteiligten Personen sind ebenfalls genannt. In Gruppen zu drei oder vier werden die Szenen dann spontan umgesetzt ins Spiel.

Hier ein paar Beispiele für solche Szenenkarten:

a) Ein Mädchen ist schwanger. Sie kommt nach Hause und erklärt es ihren Eltern.

(Personen: Vater, Mutter, kleiner Bruder, Oma)

b) Ein häßlicher Junge hat sich in ein tolles Mädchen verliebt. Sie erwidert seine Liebe. Heute soll es zum 1. Mal passieren. Beide holen sich Rat.

(Personen: Freundin, Kumpel, Klassenkamerad, großer Bruder oder Schwester)

c) Sex soll für Jugendliche unter 18 Jahren verboten werden. Ein Reporter befragt dazu Passanten auf der Straße.

(Personen: Junge 15, Mädchen 13, Vater und Mutter einer Tochter, ältere Dame)

d) Eine Jugendclique gibt mit ihren ersten Erlebnissen an.
(Personen: 4 Jungen)

2. Weg: Geschichte lesen
Eine Geschichte, die das Thema „1. Mal" beschreibt, wird gelesen und anschließend diskutiert (gut geeignet ist „Begegnung" von H. Böll aus „Im Tal der donnernden Hufe").

3. Weg: Video anschauen
Aus der Videoserie „Der Liebe auf der Spur" eignet sich der Teil 5 mit dem Titel „Meinst du mich?". Es dauert etwa 30 Minuten und ist bei jeder Bildstelle auszuleihen. Es bietet vielfältigen Gesprächsanlaß.

Nachdem die Spieler alle 3 Wege durchlaufen haben, ergab sich genügend Ideenmaterial, um Szenen zu erarbeiten. Mit Hilfe des Baukastens wurden 3 unterschiedliche Szenarios entwickelt und umgesetzt.

Im Einzelnen:

Gruppe 1: Thema: Hast du schon mal?
Raum: An einem Tisch in der Disco
Art: Sketch
Typen: 2 gleichalte Jungen, einer verklemmt
Anlaß: Tanzpause

Gruppe 2: Thema: Es war das 1. Mal im Leben
Raum: Je nach Text verschieden
Art: Verfremdung durch Dias
Typen: Ergeben sich aus dem Text
Anlaß: Vorgegebener Song

Gruppe 3: Thema: Das 1. Mal
Raum: verschieden
Art: Puppenspiel (Kochlöffelpuppen)
Typen: Vater, Mutter, Freundin, Schwester, Schulhoftypen
Anlaß: Prahlerei auf dem Schulhof

Und so sehen die einzelnen Ergebnisse aus:

1. Hast Du schon mal?

(Szene in der Disco)

Spieler: 2 Jungen, 1 Mädchen

Spielhinweise: Zwei Jungen sitzen an einem Tisch in einer Diskothek und haben gerade mit dem Tanzen aufgehört. Da kommt eine nette weibliche Bedienung vorbei und räumt ihnen den Tisch ab. Sie mustern die Frau, dann beginnt der Dialog.

Spieltext:

J1: Sieht gut aus die Bedienung, nicht?
J2: Ja, ganz passabel.
J1: Du ...
J2: Ja?

J1: Du, was ich dich schon immer mal fragen wollte ...

J2: Na los, wir sind doch unter uns!

J1: Ja, also ... wir sind doch hier in einer Disco, und da gibt es doch nicht nur uns, sondern auch ... verstehst Du?

J2: Ja, nun sag doch endlich, wir sind doch schließlich richtige Männer (klopft ihm auf die Schulter).

J1: (holt tief Luft) Also gut. Hast du schon mal mit einem Mädchen Kontakt gehabt?

J2: Aber klar, das ist doch völlig normal, da ist doch nichts besonderes dabei.

J1: Und, wie war das?

J2: Normal, ein bißchen langweilig, auf die Dauer wiederholt sich das.

J1: Und, wie fängst du das an? Ich meine, wie geht das los, da passiert doch sicher vorher was ...

J2: Das fängt nicht an, das ergibt sich einfach so!

J1: (zu sich) Ergibt sich so!
Und wie oft ...

J2: 2mal die Woche. Du weißt, ich bin ein bißchen faul. Mein Vater sagt, im Krieg war das bis zu 4mal in der Woche.

J1: Dein Vater! (zu sich) Sein Vater hilft ihm dabei ..
Und wo machst du das?

J2: Zu Hause, in meinem Zimmer!

J1: Und wenn deine Eltern zu Hause sind?

J2: Das macht doch nichts, das ist sogar gut. Meine Mutter hilft mir sogar manchmal dabei. Hilft dir deine Mutter etwa nicht?

J1: Ähm, meine Mutter ...? Ich muß mal, glaube ich, ich ... (Steht auf und geht ein paar Schritte, bleibt dann stehen und erinnert sich) Toller Typ! Wie der das so mit Mädchen schafft. 2mal die Woche, Vater und Mutter helfen ihm dabei - schon toll.

J2: Was der nur hatte?! Ob der krank ist? Und was der so komisch gefragt hat, ob ich schon mal Kontakt hatte! (Kurze Pause) Dabei ist doch Briefkontakt zu Mädchen was völlig Normales!!

2. Es war das 1. Mal im Leben
(Die Verfremdung)

Liedtext:
1. Ich war kaum 16 und das erste Mal verliebt
2. Jeden Nachmittag holte ich sie ab von der Schule
3. Eines Tages sagte sie zu mir, meine Eltern gehn heut aus
4. Ich möchte gern allein mit dir zusammen sein
5. Komm heut mit zu mir nach Haus

Refrain

12. Es war das erste Mal im Leben, das allererste Mal
13. Wir wußten beide nicht genau, was mit uns geschah
14. Wir warn noch viel zu unerfahren, um die Liebe zu verstehn
15. Und doch war das erste Mal schön

Text

6. Ich vergrub den Kopf in ihrem Haar
7. Das mir auf die Schultern fiel

8. Und mein Herz schlug laut, als ich ihre Hand berührte
9. Und ich spürte ihre Wärme und verlor fast den Verstand
10. Mit trockener Kehle und fiebernder Seele
11. Suchte ich ihre Hand

Refrain ...

Refrain folgt hier im Anschluß noch 2mal, klingt dabei aber langsam aus.

Bebilderung der Textstellen:

Die genannten Zahlen beziehen sich jeweils auf die so bezeichneten Textreihen.

1. Junge 16, Puppe im Arm, Schnuller im Mund, sitzt auf einem Hüpfeball
2. Junge steht mit Porsche vor der Schule, sie verläßt gerade das Gebäude
3. Eltern verlassen das Haus, Mädchen sieht ihnen aus dem Fenster nach
4. Sonnenuntergang
5. Der Junge kommt mit dem Rad, sie steht in der Haustür

Refrain:

12. Beide auf einer Couch im Wohnzimmer, er hält eine 1 hoch
13. Sie liest in einem Buch, er schaut zu ihr
14. Wie 13, nur hält der Junge jetzt ein Fragezeichen hoch und schaut genauer
15. Sie steht in der Tür zum Schlafzimmer

6/7. Er liegt mit seinem Kopf unter ihren Haaren
8. Sie hält 2 Kochtopfdeckel in der Hand, er ein Stoffherz
9. Ein Thermometer mit 40° Anzeige wird gezeigt
10. Er hat eine Flasche Bier am Hals
11. Er sucht unter dem Tisch, sie hält ihre Hand ins Bild

Refrain:

12. Große 1 ist im Bild
13. Beide sitzen auf dem Bett und ziehen die Schuhe aus
14. Sie liegt unter der Decke im Bett, er kommt
15. Bild Zensur. Der Schriftzug ist einer nackten Frau über den Busen geklebt.

Refrain:

12. ---
13. Sie ziehen die Schuhe wieder an
14. ---
15. Sie sitzen wieder im Wohnzimmer und trinken gemeinsam Kaffee
15. Es erscheint ein Text: „Was ist das, Liebe?"

Die folgenden 6 Szenen werden beim Lesen vielleicht nicht dem Kabarett sondern eher einem Problemtheater zugeordnet. Ihre Aufführung ist trotzdem Kabarett, denn wir haben ein paar kleine Inszenierungstricks eingebaut:

1. Der Puppenbau. Wir spielen mit Kochlöffelpuppen, selbst hergestellt und dadurch extrem typisiert (Mutter mit karierter Schürze, Vater Glatze und Bauchansatz, Schwester schick mit modelliertem Busen)

2. Die Rollen wurden gegensätzlich besetzt. Also der Vater mit einer Mädchenstimme, die Schulhofmädchen mit Jungenstimmen.
3. Die Spieler treten zum Teil selbst hinter der Puppenwand hervor und sprechen den Puppentext als wären sie die Puppe.

Das 1. Mal (Puppenstück)

Spieler: 4 Spieler zum Teil mit 2 Puppen/mindestens 1 Junge

Spielhinweise:
Als Bühne, da schnell herzustellen, genügt ein Besen zwischen 2 Tischen und ein darüber gelegtes Tuch. Die Puppen fertigt man gemäß der Textvorgabe an. Für die Szene „Fete" wäre aktuelle Popmusik nicht schlecht.

Szene 1: Auf dem Schulhof
(Es ertönt ein Pausengong, dann rennen einzelne Schüler auf den Hof und stehen zusammen)

A: Ich war gestern mit Detlef im Kino.
B: Mit welchem Detlef?
A: Mit dem Tollen aus unserer Straße - es war ganz toll.
B: Komm los, erzähl mal.
A: Zuerst hat er mich ins Kino eingeladen.
B: Und dann?
A: Dann sind wir Eis essen gegangen.
B: Und weiter?

A: Dann hat er mich gefragt, ob ich mit ihm nach Hause komme.
B: Und, was ist dann passiert?
A: Langsam, warte doch. Zuerst hat er die Tür aufgeschlossen. Dann sind wir die Treppen raufgegangen und er hat mich in seine Wohnung gebeten.
B: Oh, wie vornehm.
A: Und dann hat er zärtliche Musik aufgelegt.
D: Das muß ich mir merken.
C: Bei Phil Collins hab ich's auch immer am liebsten.
A: Und dann hat er was zu trinken geholt.
C: Ich habe immer erst hinterher Durst.
B: Und danach. Was ist dann passiert? Nun erzähl doch!
A: Dann hat er mir sein Schlafzimmer gezeigt und wir ...

(Alle Spieler rücken jetzt eng zusammen und reden leise aber undeutlich weiter. Das alleinstehende Mädchen, auf der anderen Seite der Bühne spricht jetzt, es werden nur noch kurze Wortfetzen hörbar wie Oh, Gott, super, ejh, und so weiter ...)

M: Alle wissen Bescheid. Bloß ich nicht. Die haben alle schon mal, und ich? Ich werde immer nur zu Nougateis eingeladen. Obwohl mir das gar nicht schmeckt! Und danach - Denkste! Was mache ich nur falsch?

Szene 2: Bei der Freundin
(Eine Klingel ist zu hören, die Freundin ist schon da)

M: Du, ich muß mal mit dir reden, hast du ein bißchen Zeit?
F: Ja, komm, setz dich und sprich dich aus.

M: Hört auch keiner zu?

F: Nein, niemand im Haus.

M: Also ..., ich sag es ganz direkt. Alle Mädchen aus meiner Klasse haben schon mal das Schlafzimmer eines Jungen gesehen, bloß ich noch nicht. Ich werde immer nur zum Nougateis eingeladen.
Was mache ich denn nur falsch, daß bei mir immer schon nach dem Eis Schluß ist?

F: Ja, du mußt halt auf den Jungen zugehen, ihn einladen und natürlich nicht die Verhütung vergessen; Pille, Kondome oder solche Sachen.

M: Aber meine Mutter erlaubt mir nicht, zum Frauenarzt zu gehen und außerdem habe ich in der Zeitschrift „Mädchen" gelesen, ...

F: Dann gehst du halt in die Apotheke und kaufst dir die Sachen dort.

M: Ja, aber sind denn Kondome nicht gefährlich? Ich habe da mal ...

F: Ach wo, ich habe damit keine schlechten Erfahrungen gemacht.

M: (zu sich) Die also auch schon!
(zu **F**) Ja aber, wenn doch ...

F: Du bist vielleicht umständlich. Mach's einfach und gut, oder soll ich dir dabei auch noch zusehen?

(Die Freundin geht weg, **M** spricht zu sich selbst)

M: Tolle Tips. Mußt es einfach machen! Damit kann ich auch wahnsinnig viel anfangen.

Von einer Freundin hätte ich mir eigentlich mehr versprochen.

Szene 3: Bei der großen Schwester
(Die Schwester ist schon da, **M** kommt)

M: Hei!

S: Hallo?!

M: Weißt du liebste Schwester, alle Mädchen aus meiner Klasse haben schon mal mit einem Jungen - na du weißt schon - ich hab noch nicht mal einen Freund gehabt. Kannst du mir sagen, was ich falsch mache? Schließlich bist du meine große Schwester und hast viel mehr Erfahrung als ich mit solchen Dingen.

S: Bei mir, da war das anders. Bei mir sind die Jungen auf mich zugekommen, ich mußte gar nichts machen. Wenn man es richtig anstellt, kommen die Jungen von ganz allein.

M: Mag sein, aber mich hat noch nicht mal einer angesprochen.

S: Vielleicht bist du zu schüchtern?

M: Und was soll ich dagegen tun?

S: Eine neue Frisur vielleicht, etwas anderes anziehen, gut riechen, die Jungens ein wenig reizen und naja, wie man das halt so macht!

M: Und wie macht man das? Nun sag doch!

S: Paß auf, ich zeig's dir mal (geht ein Stück zurück, kommt dann wackelnd zurück und sagt) Du mußt ein bißchen mit

dem Po wackeln und ab und zu einen kleinen Einblick gewähren (beugt sich kurz nach vorn).
- **M:** Aber bei mir ist das doch nicht alles so, mit dem Einblick!
- **S:** Dafür kann ich doch nichts.

(Autogeräusche sind zu hören, dann ein Hupen)

- **S:** Oh, Klaus kommt. Ich muß los. Tschüß Kleines, bis später mal.
- **M:** Das war nun meine große Schwester. Die war mir ja eine wahnsinnige Hilfe. Aber wer bleibt mir denn jetzt noch? Wen kann ich denn jetzt noch fragen?
  Muß ich halt wieder zu Mutti gehen!

Szene 4: Bei den Eltern

(Vater und Mutter sind schon da, die Mutter schimpft gerade mit dem Vater)

- **MU:** Na, willst du nicht mal die Kartoffeln aus dem Keller holen?
- **V:** Ich habe den ganzen Tag gearbeitet - ich brauch auch mal Ruhe!
- **MU:** Und außerdem muß noch der Müll runtergetragen werden.
- **V:** Und wieso soll ich das tun?
- **MU:** Und das Abwasch steht auch noch rum.

(Die Tochter taucht im Hintergrund auf)

- **V:** Ich weiß, wer den Müll runtertragen kann.
- **MU:** (dreht sich um) Hallo Doris, bist du auch schon da?
- **M:** Mutti, ich ... also ... ich, ich muß mal mit euch reden.

MU: Ja, was denn, nun sag doch!
M: Ja wißt ihr, also das ist so! Alle in meiner Klasse, also alle meine Klassenkameradinnen, die, die haben schon mal ...
V: Was haben die denn?
M: Na, ihr wißt schon ...
V: Was denn, nun mal raus mit der Sprache!
M: Mutti, weißt du, das ist so ...
V: Ich geh dann, alles Weiberkram.
M: Mutti, du weißt doch, ich bin ein Mädchen, und es gibt doch nicht nur Mädchen auf der Welt, ich meine, da sind doch auch noch die anderen, und alle meine Freundinnen, die haben schon mal mit einem Jungen ... geschlafen.
MU: (stöhnt auf) Ja, und was willst du da von mir?
M: Einen Tip.
MU: Früher, war das alles ganz anders.
M: Mutti, früher interessiert mich nicht. Schließlich ist das heute etwas anderes als früher.
MU: Trotzdem, früher war das anders. Da hat man in deinem Alter eben noch nicht. Damals haben das die Jungen übernommen und nicht die Mädchen. (Pause) Und außerdem solltest du den Müll runterbringen.

(Mutter geht und läßt **M** allein, **M** redet vor sich hin)

M: Hätte ich mir glatt sparen können - die sind mir vielleicht eine Hilfe. Quatschen von Verhütung und früher und so - ach vergiß es!

Szene 5: Auf der Fete

(Fetzige Musik läuft, alle Puppen tanzen, ab und zu wird die Musik für die Gespräche leiser gedreht, später muß eine langsame Musik folgen)

A: Eh, guck mal, wer sich da an Doris ranmacht.
B: Eklig!
(Musik einblenden)
T: Na, Puppe, wollen wir tanzen?
M: Ich weiß nicht so recht.
T: Komm, stell dich nicht so an.
A: Meinst du, der kriegt sie rum?
C: Quatsch, die doch nicht.
B: Wie die tanzen, ist ja schon fast ...
T: Komm ran, das ist ein Blues
M: Aber ...
T: Keine Scheu, ich beiß ja nicht gleich.
T: Na, wie hättest du es denn gerne? Gleich hier auf dem Teppich oder lieber bei mir?
M: Ich weiß nicht so recht (sieht sich um) Obwohl, wenn ich meine „Freundinnen" da so sehe ...
T: Jetzt oder nie!
M: Dann ... , dann lieber bei dir.
T: Okay, fliegen wir ab Baby!

Szene 6: Auf dem Schulhof

(Auf dem Hof stehen schon ein paar SchülerInnen, die sich über die Fete von gestern abend unterhalten)

A: Die Fete gestern bei Ralf war total toll, findet ihr nicht auch?
B: Ja, hat mir auch gut gefallen.
C: Könnten wir glatt wiederholen.
A: Guckt mal, da kommt Doris.
B: Möchte zu gerne wissen, was mit dem Typ war, der sie gestern abgeschleppt hat (kurze Pause - dann zu **M**) Na, wie war's gestern auf der Fete?
M: Es war super, total irre.
C: Erzähl!
M: Ich hab da einen Jungen kennengelernt ...
C: Wissen wir schon. Weiter?
A: Und wohin hat dich der Typ nachher gebracht?
M: Wir waren bei ihm zu Hause!
C: Ohh!
A: Ist ja irre.
M: Jetzt kann ich mitreden Leute - ich weiß jetzt, wie es läuft. Ich steh jetzt nicht mehr blöde rum, wenn ihr eure Geschichten erzählt.
A: Wie, mitreden?
B: Sag nur, da hast mit dem ...?
(Langsam kommt der Typ von hinten dazu)
M: Klar, ich denke, ihr akzeptiert mich jetzt.
T: Eh du, bist du die von gestern abend?
M: Jaaaaa?!
T: Oh Gott, die hätt ich mir genauer ansehen sollen!
(**M** geht etwas zur Seite, bleibt stehen und heult. **T** geht ab, die

anderen stehen als Gruppe zusammen)
A: Mensch, die hat wirklich mit dem.
C: Na und, wenn ich wollte ...
B: Mich hätte der nicht abgeschleppt.
A: Und was die da von akzeptieren faselt; drüber reden und auch wirklich tun, sind schließlich zwei paar Dinge, oder?
(**B** und **C** nicken beifällig und gehen dann zusammen mit **A** ab)
M: Nun sind wieder alle weg! Egal, was ich auch mache, immer bin ich die Doofe!

Licht aus!

Ein zweites Beispiel:
Es soll eine Szene entstehen, die sowohl die Umweltthematik beinhaltet als auch den Hitparadencharakter auf den Arm nimmt. Wir einigen uns auf den Titel „Umwelthitparade". Was ist zu tun? Wir gehen in 3 Schritten vor.

1. Schritt: **Analyse**
Wir sichten Beispiele. Dazu sehen wir uns gemeinsam auf Video eine Aufzeichnung des „Musikantenstadl" an. Als Beobachtungsaufgabe sollen sowohl die Liedtexte als auch das „Geschwätz" des Moderators betrachtet werden. Danach schauen wir uns eine Aufzeichnung einer Folge der RTL „Miniplaybackshow" an. Hier wollen wir etwas über Playback-Technik und Körpersprache lernen.

Wir sind uns noch nicht sicher, ob wir selbst singen wollen. Danach veranstalten wir selbst eine Playback-Show (mit den Texten in der Hand). Playback gefällt uns nicht, das ist zu wenig spritzig und auf Dauer einfach langweilig. Als nächstes versuchen wir es mit „Karaoke" (Lifegesang zum Halbplayback). Das gefällt uns zwar besser, aber unsere Stimmen packen nicht jede Tonhöhe, außerdem erscheint uns das im Moment zu „modisch".

Das Ergebnis unserer Analyse:
eigene Texte, eigene Musik, live singen.

2. Schritt: **Wege der Texterstellung**
Wir probieren 3 Methoden aus.

a) Einen neuen Text auf eine bekannte Melodie dichten.
Wir wählen ein uns alle bekanntes Lied aus (10 kleine Negerlein), notieren den Originaltext und versuchen uns dann, jeder für sich, an einer Bearbeitung des Textes unter dem Gesichtspunkt der Umweltthematik.
er Vorteil der Methode liegt darin, daß man mit einer Melodie im Hinterkopf leichter die Vermaßvorgaben einhalten kann.
Es entsteht der folgende neue Text:

10 kleine Negerlein, die liefen durch den Schnee,
der Schnee liegt zentimeterdick,
kommt aus der Plastik-Großfabrik
und streckte einen hin

9 kleine Negerlein, die gingen durch die Stadt,

aus Autohupe, Auspuffrohr,
dröhnt Krach und Lärm heraus
das hielt einer nicht aus

8 kleine Negerlein, die gehn auf die Allee,
da welkt das Gras und dörrt das Laub
und einer von uns auch

7 kleine Negerlein, die essen grad Big-Mac,
und sehen mit getrübtem Blick,
wie schlachthausreife Rinderherden,
fein säuberlich zerteilet werden
zum großen Essensschmaus,
da reißt einer aus

6 kleine Negerlein, die rasten an einem Fluß,
der schäumt gewaltig, trotz Wasserverlust
und Fische schwimmen, nach oben die Brust
da wird es einem zu dumm

5 kleine Negerlein, die werden vom Regen ganz naß,
die Wolken sind aus Gas und Rauch,
und viele davon regnen auch
Gift, Staub und Schadstoff auf uns hier,
da sind wir nur noch 4

4 kleine Negerlein, was können die schon tun!
Das Auto blitzt, der Schornstein raucht,
und was der Mensch als Nahrung braucht,
erfindet die Chemie.

Für Negerlein ist hier kein Platz,
auch nicht für Taube, Möwe, Spatz.
Soll sich hier wirklich noch was tun,
dann nützt kein Schweigen, rumstehen, ruh'n
dann braucht es tausend Negerlein, nun frag ich dich:
Willst du eins sein?

Ein kleines Negerlein, das hielt's allein nicht aus
Im Unglück muß man zusammenstehen,
da war'n es wieder 10.

Das Ergebnis hat uns nicht überzeugt.
Die bekannte Melodie lädt zu sehr zum Mitsingen ein und lenkt dadurch zu stark vom Text ab.

b) Wir geben uns ein Strophenschema (hier AA BB) mit Refrain vor, jeder schreibt eine Reihe, der Refrain wird zuvor gemeinsam entwickelt.
So entsteht der folgende Text:

Refrain:
Kaputt, wir machen alle kaputt
Wir machen Trümmer und Schutt
Wir schlagen alle(s) kaputt.

1. Strophe:
Unsere Natur ist schön,
man muß nur richtig hinsehn
doch wer dieses nicht kann,
den machen wir dann ...

2. Strophe und andere siehe später.

Diese Art der Texterstellung gefällt uns ganz gut - es fehlt uns nur die zündende musikalische Übersetzung.

c) Wir nehmen die 3 Grundakkorde der Gitarre (C, F, G7) und spielen dazu eine kleine Melodie. Zu dieser Melodie versuchen wir dann, einen Text zu entwickeln. Es geht, obwohl der Text etwas holprig kommt (siehe später den Text „ein bißchen Natur"). Gemeinsam kommen wir jetzt zu folgender Schlußfolgerung: Wir nehmen diese etwas holprigen Texte und einfachen Melodien, singen diese live und versuchen die „Lacher" über die „Wiedererkennung der Sänger" zu erreichen.
Was das bedeutet, folgt gleich.

3. Schritt: **Gesangsübungen**
Auch hier gehen wir wieder nach 4 Methoden vor.

a) Alle stehen im Kreis und legen sich die Arme um die Schultern. Dann rücken alle ganz eng auf und schließen die Augen. Auf „mmm" beginnen wir gemeinsam zu summen. Wenn einer das Gefühl hat, es klingt nahezu gleich, steigt er aus und versucht, über das „mmm" der anderen eine eigene Melodie zu singen (zum Beispiel auf a oder o).
Wichtig: Diese Übung klappt nur in einer Kleingruppe, die unbeobachtet ist, sonst ist die Hemmschwelle für die meisten Spieler zu groß.
Aus dieser Übung entsteht später die Melodie zu „Kaputt".

b) Wir versuchen, mit Hilfe unserer Stimme Musikinstrumente

zu imitieren und damit, wie bei einem Orchester, verschiedene Kombinationen von Instrumenten zu testen. Zudem gibt ein „Dirigent" Zeichen für laut/leise, hoch/tief und schnell/langsam. Diese Übung macht Riesenspaß und befreit.
Sie erzeugt den nötigen Mut zum Singen.

c) Minimaus.

Eine reine Stimmbildungsübung. Man beginnt auf einem festgelegten Ton (c oder a meistens) ein „mini" zu singen, und dieses über alle Töne mitzunehmen, bis man wieder auf dem festgelegten Ton, nur jetzt eine Oktave höher, ankommt. Der letzte Ton wird „Maus" gesungen. Danach geht man diese „Treppe" wieder abwärts.

Beispiel: a   h   c   d   e   f   g   a
           mini mini mini mini mini mini mini maus

d) Als Letztes probieren wir a capella Gesang.

Zum vorgegebenen Rhythmus bom, bom, bom, bom ... bodom bom, bom ... singen alle einen unserer Texte. Jeder in der für ihn angenehmen Tonhöhe. So entsteht ein weiterer Teil von „Kaputt".

Nun haben wir Texte und Melodien, es fehlt noch der Moderator und die Sänger. Die Vorgabe beachtend und unseren Mut betrachtend verzichten wir auf Solovorträge und stellen Gruppen zusammen. Einmal Sabine (als Nicole-Parodie) mit ihrem Gitarristen (als Depp zurecht gemacht), einmal die Gruppe Kahlschlag (in guter deutscher Kleidung), einmal Gerti und

Anneliese (wie die typischen Volksliedgeschwister) im Dirndl. Die Abfolge der Titel wird durch die Umziehzeiten der Spieler bestimmt. (Sabine ist gleichzeitig Gerti).

Der Moderatorentext entsteht während der Proben. Das hat den Vorteil, daß der Text jeweils so lange dauert, daß die Spieler ausreichend Zeit zum Umziehen und Vorbereiten haben.

Herausgekommen ist dann die folgende Szene:

Die Umwelthitparade

Personen:

1 Moderator, insgesamt 7 Sänger oder Musiker, die aber doppelt besetzt sein können.

Spielanleitung:

Der Moderator tritt auf. Er hat auf einem Zettel seinen Text vornotiert, den er routiniert abliest. Zwischendurch spielt er die Begleitung auf einem Keyboard.

Text/Spielanweisung:

M: Einen schönen guten Abend meine Damen und Herren.
   Ich darf Sie recht herzlich zur 138. Ausgabe der Heimatumwelthitparade begrüßen. Wie immer bieten wir Ihnen 3 Titel live, die Sie ausgewählt haben. Doch für all unsere neu hinzugekommenen Zuschauer noch kurz eine Erklärung des Austragungsmodus: Wenn Sie an unserer Hitparade teilnehmen wollen, müssen Sie eine gute Umwelttat vollbringen. Diese müssen Sie dann auf eine vorbereitete

Postkarte notieren und ab damit zur nächsten Bezirksstelle. Dort sollte Ihre Tat beglaubigt und dann in den Postkasten geworfen werden, aber nicht vergessen, die Startnummer Ihres Titels zu notieren.

Doch kommen wir nun zu Ihrer Wahl! Sie haben, wie immer, nur deutschsprachige Gruppen und Sänger gewählt. Auf Platz 5 und damit 14 mal dabei, also bitte nicht wiederwählen: Fred und die Schachtelhalme mit ihrem Hit: „Ich streiche meinen Zaun in diesem Jahre braun!"

Auf Platz 4 die Hymne an alle Hausbesitzer, die Gruppe KKW mit dem Lied: „Es steht ein Pilz vor meiner Tür." Doch kommen wir nun zu den Titeln, die wir Ihnen hier und heute präsentieren dürfen.
Auf Platz 3 und damit der shout ..., ich meine natürlich Aufsteiger der Woche, Sabine und „Ein bißchen Natur".

Erlauben Sie mir ein paar kleine Hinweise vorweg (jetzt betreten die beiden Spieler die Bühne): Sabine tritt heute zum ersten Mal vor einem so großen Pulbikum auf und da hat sie sich sozusagen als seelischen Beistand, ihren ständen Freund und Begleiter Jochen mitgebracht, der sie auch tatkräftig auf der Gitarre unterstützen wird.

Ich wünsche Ihnen viel Spaß und ein bißchen Wohlwollen mit Sabine und „Ein bißchen Natur"!

Es folgt das Lied mit dem folgenden Text:

Ein bißchen Natur
Ein bißchen Natur, mehr brauche ich nicht
das brauche ich nur, mehr brauche ich nicht
Ob sie aus der Tube kommt, oder im Paket,
ob sie völlig offen ist, oder zugenäht,
ob sie angereichert ist, oder völlig pur
alles, was ich brauche, ist doch nur ....
ein bißchen Natur
da da da da

In das da da da ... fällt der Moderator ein mit:

M: da da da das war der 3. Platz.
Bevor wir zu Platz 2 kommen, möchte ich Ihnen noch ein paar der Umwelttaten vorlesen, die Sie uns zu dieser Sendung eingeschickt haben.
Da schreibt zum Beispiel Frau Ammelie Unterstein aus Bad Langensalza: „Ich fertige schon seit Jahren nur noch Rezepte mit Umweltmaterialien an. Heute sende ich Ihnen mein pikantes Plastiktütenragout".
Oder Herr Kohl aus Backnang schreibt uns: „Ich habe alle meine Obstbäume abgeholzt. So schütze ich sie am besten vor saurem Regen".
Ja, wenn Sie auch eine so gute Tat vollbracht haben - auf eine Postkarte schreiben und ab damit in den Kasten, aber bitte nicht vergessen, die Startnummer zu notieren.
Kommen wir nun zu Platz 2. Sie sind schon gute alte Bekannte der Heimatumwelthitparade. Heute zum sage und

schreibe 47. Mal dabei, die Gruppe Kahlschlag. Begrüßen Sie gemeinsam mit mir: Adolf Kahlschlag und Gertrud Kahlschlag und Roberto Kahlschlag, keine Angst, Roberto ist eingedeutschter Exilitaliener. Sie singen und spielen uns ihren neuesten Hit: „Kaputt".

Kaputt
Unsere Natur ist schön, schön, schön,
man muß nur richtig hinsehn,
doch wer dieses nicht kann,
den machen wir dann ...

Refrain: Kaputt, wir machen alle kaputt
wir machen Trümmer und Schutt,
wir schlagen alle kaputt.

Immer diese Nörgelmänner,
Berufsidioten und Profiflenner,
die meinen, daß man nichts ändern kann,
die machen wir dann ...

Refrain Wer unsre Natur nicht liebt, liebt, liebt
immerzu nur Trübsal schiebt,
da gehen wir ran,
die machen wir dann ...

Refrain (zum Refrain haben die Spieler jeweils andere Bewegungen)

M: Das war die Gruppe Kahlschlag.

Doch kommen wir nun zu Platz 1. Seit 7 Wochen an der Spitze unserer Hitparade. Nicht mehr wegzudenken aus unserem Programm.
Freuen Sie sich gemeinsam mit mir auf Gerti und Anneliese und ihr „Juppideidimir"

Jupideidimir
Jupidu, Jupidu, Jupidu,
dieser Baum, der ist tot, ja und nu?
Jupidei, Jupidei, Jupidei
doch zum Glück ist mir das Einerlei.
Jupidam, Jupidam, Jupidam
was geht mich das denn eigentlich an?
Jupidir, Jupidir, Jupidir,
denn der Baum, der gehört ja nicht mir.
und alle. (Wiederholung) ...

M: Ja, meine Damen und Herren, das war sie wieder, die 138. Ausgabe unserer Heimatumwelthitparade.
Ich sage Tschüß, Tschau und Bye Bye bis zum nächsten Mal, bis zur 139. Ausgabe der Umwelthitparade.

9. Requisiten und Kulissen

In diesem Kapitel geht es um die optische Ausgestaltung des Stückes. Ich sage es gleich vorweg; ich bin kein Freund von aufwendigen Kulissen und einer Unzahl von Requisiten.
Zum einen sind meine handwerklichen Fähigkeiten begrenzt, zum anderen werden tolle Requisiten nur zu oft genutzt, um von langweiligem Spiel abzulenken.

Kabarett bedarf zum Glück weniger Requisiten und oft nur einer einzigen Kulisse, die für alle Szenen genutzt werden kann. Ähnlich wie das Spiel typisiert sein sollte, ist es auch mit den Requisiten. Sie sollten sparsam, typisch und gagig sein.
Am einfachsten erläutere ich das an zwei Beispielen:

1. Es soll eine Befragung verschiedener Politiker gespielt werden. Es spielt stets der gleiche Spieler in der gleichen Bekleidung (Jackett, Hemd, Hose), nur sein Einstecktuch wird je nach Partei gewechselt. Als FDP-Mann kommt er mit einem gelben Tuch, als CDU-Mann mit einem schwarzen Tuch, als Republikaner mit einem braunen Tuch.

2. Um eine Umfrage durchzuführen, gibt man dem Reporter ein Mikro in die Hand - schon weiß jeder Bescheid.
Soll es gagig sein, nimmt man statt Mikroatrappe eine Banane oder Gurke, die am Schluß gegessen werden kann (zum Beispiel aus Verzweiflung über die dummen Antworten).

Auch die Bekleidung sollte einfach, aber bewußt gewählt werden. Für Gruppenszenen, Sprechtexte und anderes ist es gut, einheitliche Kleidung zu haben. Für Einzelszenen sollte die Bekleidung das Typische der jeweiligen Person deutlich machen. Man kann damit natürlich auch spielen, und genau das Gegenteil tun. Ein durch die Bekleidung deutlich als Clown zu erkennender Spieler spricht einen Politikertext. Hier entsteht die Wirkung gerade durch den Kontrast.

Als Clownskostüm reicht dazu vielleicht schon der rote Punkt auf der Nase. Am einfachsten stellt man sich immer die Frage. „Was charakterisiert eine Person am deutlichsten?" und setzt dementsprechend Requisiten ein.

Ein paar Beispiele:

Hausmeister	Schlüsselbund
Polizist	Mütze
Modische Frau	Lippenstift
alte Leute	Spazierstock
Bauarbeiter	Helm
Philosophiestudent	Buch und Halbbrille
Sportler	kurze Hose, Schläger
Macho	Sonnenbrille
Hausfrau	Schürze
Lehrer	?

Als Kulisse sollte man einen festen Grundaufbau wählen. Wichtig ist eine Tür als Auftritts- und Abgangsmöglichkeit, sowie ein Tisch und ein paar Stühle. Mehr braucht man meist nicht.

Wer möchte, kann Tisch und Stühle durch besondere Farbgebung hervorheben. Es kann auch spannend sein, als Kulisse einen Stapel Autoreifen zu benutzen, der je nach Bedarf als Tisch, Stuhl oder anderes umgebaut und benutzt wird.

Meist wird die Wahl von Requisiten, Bekleidung und Kulisse erst durch die entwickelten Szenen bestimmt, kann also nicht schon im voraus geplant und gebaut werden (es sei denn, man weiß, daß alle Szenen an einer Theke spielen sollen).

Ich habe mir folgendes Prinzip zu eigen gemacht: So wenig als nötig, aber so deutlich als möglich.

10. Beispiele für Szenen, Sprechtexte und anderes

Im letzten Kapitel sind einige fertige Szenen, Songtexte und Sprechtexte zusammengestellt. Sie sind alle schon gespielt. Sie entstammen verschiedenen Kabarettprogrammen und sollen dazu anregen, selbst solche Szenen zu entwickeln und spielerisch umzusetzen. Die Szenen sind nach vier Gesichtspunkten unterteilt:

1. Spielszenen
2. Songtexte
3. Sprechtexte für Gruppen
4. Politische Texte

Schauplatz Baum

Personen:

6 oder mehr, Doppelbesetzungen sind oft sinnvoll und gewünscht. Es werden gebraucht: 3 Politiker, Frau mit Hund, älterer Mann mit Frau, Demogruppe, Regisseur und Star, amerikanische Touristen, Landschaftsplaner und ein Reporter.

Spielanleitung:

Zu Beginn ist die Bühne leer. Ein Reporter mit Mantel, Schal und Mikro betritt die Bühne. Er befragt die vorbeikommenden Passanten.

Das Licht ist zuerst nur auf den Reporter gerichtet. Mit der ersten kommenden Person wird die gesamte Bühne beleuchtet. Der Politiker hat stets die gleichen Sachen an, nur sein Einstecktuch in der Jacke wechselt die Farben.

Text/Spielanweisungen:

Reporter: Meine Damen und Herren (klopft auf sein Mikro, schaltet es dann ein). Meine Damen und Herren, wir befinden uns hier im Bayrischen Wald beziehungsweise was noch davon übrig geblieben ist.
Oh, ich sehe, da kommt ja schon ein Politiker. Guten Tag, Herr Ober von der SPD. Was sagen Sie denn zu dieser Katastrophe?

Politiker: Das ist schrecklich, eine Katastrophe. Aber schuld, schuld ist die CDU (er redet dabei mit Händen und Füßen und wirkt agressiv).

Reporter: Ja, vielen Dank für das Gespräch. Ich sehe, da kommt ja schon der nächste (ein alter Herr). Was sagen Sie denn zum Waldsterben hier im Bayrischen Wald?

Herr: Das ist eine Katastrophe. Ich finde es richtig schlimm, was hier mit unserem schönen Wald passiert ist, man sollte ... (jetzt kommt seine Frau hinzu, die das Mikrofon zuhält, ihren Mann bei der Hand nimmt und zum Reporter sagt)

Frau: Wissen Sie, mein Mann meint das nicht so. Er hat einen zu hohen Cholesterinspiegel und redet manchmal etwas wirre.

Reporter: Ja, ja, ich verstehe.
(Im Hintergrund taucht eine Frau mit Hund auf.)
Entschuldigen Sie, daß ich Sie so mit Ihrem Hund anspreche, aber was denken Sie über das Waldsterben hier?

Frau/Hund: Och, wissen Sie, mir ist das eigentlich egal, aber meinem Pfiffi, dem fehlt jetzt sein „Pippibaum".

Reporter: Ist ja ziemlich merkwürdig.
Da kommt ja schon ein weiterer Politiker. Herr Kellner von der FDP. Was sagen Sie zum Waldsterben hier im Bayrischen Wald?

Politiker: Das ist schrecklich, eine Katastrophe. Aber schuld, schuld ist die SPD. (Er spricht dabei sehr langsam und betont, seine Bewegungen sind sparsam.
Am Schluß lächelt er in die Kamera.)

Reporter: (liest laut vor, was er auf einem Plakat der herannahenden Demogruppe sieht) Haut den letzten auch noch ab.

Gruppe: Baum weg, Baum weg, Baum weg, ...

Reporter: Ich lese da gerade auf Ihrem Plakat: „Haut den letzten auch noch ab".
Meinen Sie das denn im Ernst?

Gruppe: (reißt dem Reporter das Mikrofon aus der Hand und skandiert) 'türlich, 'türlich, 'türlich ... Demo ist cool, Demo ist in, Demo ist geil, ... (Am Schluß erhält der Reporter sein Mikro zurück)

Reporter: (richtet seine Sachen, redet dann mit der Aufnahmeleitung) Wie lange sollen wir das noch machen?
Noch ein paar Leute? Ja gut, wenn ihr meint.
(Unterdessen kommt ein Regisseur mit einem Filmsternchen)

Regisseur: So, stell dich mal dahin. Und jetzt Pose. „Akt in der Asche" die Erste. Ton ab.

Sternchen: In dieser Umgebung habe ich es noch nie gemacht.

Regisseur: Ach, das war gar nichts. Du mußt mehr mitfühlen, mehr mitfühlen. Das Ganze gleich nochmal.

Reporter: Entschuldigen Sie, aber was machen Sie da?

Regisseur: Wir, oh wir drehen hier einen Softp...

Reporter: (hält die Hand über das Mikro) jaja, schon gut, so genau wollten wir es gar nicht wissen, wir sind hier ein seriöser Sender. Aber wenn ich trotzdem nochmal fragen darf: Warum drehen Sie gerade hier?

Regisseur: Wissen Sie, was es kosten würde, diese Kulisse originalgetreu nachzubauen?
Das können Sie sich gar nicht vorstellen.
So Mädel, jetzt aber weiter. „Akt in der Asche" die Zweite ...

Sternchen: In dieser Umgebung habe ich es noch nie gemacht.

Regisseur: Super Mädel, ganz ausgezeichnet. So, dann weiter zum Schweinestall.

Reporter: Was es alles gibt. Oh, ich sehe, da kommt ja schon der nächste Politiker. (Es ist ein Politiker zu sehen, der ständig auf ein Blatt schaut, es dann aber doch in die Tasche steckt). Ahh, Herr Oberkellner von der CDU. Was sagen Sie denn zu dieser Katastrophe?

Politiker: Das ist (holt den Zettel raus und liest) eine Katastrophe. Aber schuld, schuld ist die (hat den Namen der Partei vergessen)

Reporter: S ... P ...

Politiker: D (lächelt in die Kamera und geht)

(Eine Person kommt und schreitet ein Stück auf der Bühne ab.)

Reporter: (geht 2mal hinterher, dann hält er die Person an) Entschuldigen Sie, aber was machen Sie hier?

Frau: Ich schreite hier den Platz ab für unser neues Kurparkhotel. Rodungen und so weiter sind ja jetzt nicht mehr nötig. Wir bauen nach dem Motto: Aus der Asche in die Tasche! (Der Reporter will noch etwas sagen, als ein total aufgedrehtes Ehepaar aus Amerika die Bühne betritt).

Mann: Take a photo, please. Yes, it's great.

Reporter: Excuse mich ...

Mann: Oh, yeah, I am Jack and that's my wife Jill (schauen in die Kamera). Greetings to my family.

Reporter: Was machen Sie hier?

Mann: (in einem gebrochenen Deutsch/Englisch) Wir sind aus Amerika, von (singen) San Francisco und wenn irgendwo eine Katastrophe ist, sind wir dabei, wir sind immer dabei. Wenn die schreckliche Katastrophe war in Tschernobyl, wir waren dabei, haben als Symbol dieses Schild (zeigt Schild „radioaktiv") gebracht. Dann waren wir beim Abriß der Berliner Mauer, als Beweis hier diesen Stein. Und hier, sehen Sie her, hier eine Tüte Sand vom Krieg im Irak. Oh und ganz actually, eine Patronenhülse vom Jugoslaviakrieg, du verstehen, wir sind immer dabei.

Reporter: Und was sagen Sie hier zum Waldsterben?

Mann: Das ist terrible, wir würden sagen schrecklich, denn (Pause) Deutsche Eichen mußten weichen! Wir sind trotzdem so proud to be hier. Haben Sie mal eine Tüte für uns, für die Asche hier von den letzten Bäumen?

Reporter: Oh, sorry, ich glaube nicht.

Mann: Dann take a photo von me and him (Nimmt dabei auch den Reporter in den Arm und dreht ihn ein paarmal um die Achse, geht dann mit seiner Frau ab).

Reporter: Ich halt das nicht mehr aus hier, beam mich rauf Scotty.

Der Kandidat

Spieler:
Ein Kandidat, 1 Pförtner, 2 Assistenten, 4 Quizmaster,
Eine Stimme aus dem OFF

Spielanweisung:
Es wird eine Kulisse „Studio" aufgebaut, also Quizstuhl und Moderatorenplatz. Alle Szenen spielen am gleichen Ort.

Text:
Ein Kandidat kommt in ein Funkhaus. Er hat sich verlaufen und fragt beim Pförtner nach einer Zimmernummer.

A: Entschuldigen Sie, ich suche Studio 2.
P: Wozu? Was wollen Sie da?
A: Ich bin der heutige Quizkandidat bei „Donnerwetter"
(Macht kurz das Spielgeräusch vor).
P: Nie gehört! Welches Studio sagten Sie?
A: Studio 2!
P: Na, dann gehen Sie mal rechts hoch - Zimmer 112.
(A geht. Unterdessen im Studio)
M1: Alles fertig meine Herren?
AS: Ja, bloß - der Kandidat fehlt noch.
M1: Wie, der Kandidat? Wir haben keinen Kandidaten? Mein Quiz „Ich frage, Sie antworten" hat keinen Kandidaten?
AS: Ich fürchte ja.
M1: Und, was machen wir dann?
AS: Keine Ahnung.

(In dem Moment schaut der Kandidat von „Donnerwetter" durch die Tür und will gerade fragen)

A: Entschuldigen Sie, bin ich hier richtig im Studio 2 bei dem Quiz „Donnerwetter"?

(Macht wieder die Geräusche)

AS: nei......

(Der Moderator hält ihm den Mund zu)

M1: Jawohl, kommen Sie herein, nehmen Sie Platz.

A: Aber, ich muß noch mal ...

M1: Dazu ist jetzt leider keine Zeit mehr. Die Kamera dort ist auf uns gerichtet. Sehen Sie das kleine rote Licht? Und schon geht es los.

Der Moderator verschwindet, eine kurze einleitende Musik wird eingespielt und der Moderator kommt zurück mit der Begrüßung der Zuschauer.)

M1: Einen schönen guten Tag, meine Damen und Herren, ich darf Sie heute wieder recht herzlich zu unserem Quiz „Ich frage, Sie antworten" begrüßen. Steigen wir gleich ein. Und das (zeigt auf den Stuhl) ist unser heutiger Kandidat, Herr (stellt sich selbst vor)

A: Aber ich wollte, ...

M1: Er ist ein wenig nervös, denn er ist ein bißchen zu spät gekommen. Doch das werden wir gleich haben, denn hier ist die 1. Frage:

Wer hat am 12. Februar 1612 den folgenden Satz gesagt: „Aber Peter, du sollst doch die Eierschalen nicht mitessen!"

Sie haben für ihre Antwort 15 Sekunden Zeit.
A: (Überlegt einen kurzen Moment) Ist ja klar, daß war die Mutter von Peter.
M1: Richtig. Na sehen Sie, es geht doch. Dafür erhalten Sie 17 Punkte. Und wir sind auch schon bei Frage 2:
Wie heißt der Film mit Clark Gable, der eine „Entsorgungsmethode für Schadstoffe" zum Thema hat?
A: (Weiß es sofort) Vom Winde verweht.
M1: Sehr gut. Damit sind Sie in der Jumborunde. Sie müssen jetzt versuchen, die Mehrheit des Publikums mit Ihren Aussagen für sich zu gewinnen. Sie haben dafür wieder 15 Sekunden Zeit. Die Zeit läuft jetzt:
A: Ich bringe alle meine leeren Flaschen zum Altglascontainer.
M1: Oh, das waren leider nur 20 %, das ist zu wenig. Zweiter Versuch und bitte ein bißchen mehr Konzentration.
A: Ich werfe manchmal Bonbonpapier auf die Straße.
M1: Schon besser, das sind immerhin 48 %. Wir brauchen aber 50 %, mindestens 50 %. Ein letzter Versuch:
A: Asylanten raus!
M1: Sehr gut, das sind satte 96 %. Sie haben gewonnen!!!
A: Toll, was darf ich mir aussuchen?
M1: Sie werden Saalkandidat im Quiz „Ich antworte, Sie fragen".

Der Moderator M1 verläßt die Bühne, M2 kommt zu einer entsprechenden Musik und begrüßt die Gäste im Studio. Der Kandidat wundert sich noch und geht ziellos umher, bis ihn der M2 anspricht)

M2: Da bin ich wieder. Und der Kandidat ist auch schon da (redet ihn an). Dann kann es ja sofort losgehen.
(zu A) Wenn Sie sich dem Publikum kurz vorstellen könnten ...

A: Aber ...

M2: Nun los, unsere Zeit, und das ist auch Ihre Zeit, läuft uns davon.

A: Ich heiße Arthur Zivojewitsch und komme aus Backnang. Meine Hobbys sind Gartenarbeit und Lesen.

M2: Super, Herr Zivojenowitsch. Dann steigen wir ein.

A: Aber ...

M2: Keine Angst, hier wird keiner gebissen. Ich erkläre Ihnen nochmal kurz die Regeln. Ich lese Ihnen Antworten vor, und Sie müssen die dazugehörigen Fragen finden. Klar? Dann geht es los:
Antwort 1: Die Mutter von Peter

A: Das ist ja einfach, das kenn ich schon.

M2: Dann sagen Sie es, schnell, ihre Zeit ist gleich um.

A: Das war 1612. Du sollst die Eierschalen nicht mitessen, oder so.

M2: Oder so, geht nicht, das muß schon genau sein.

A: Dann weiß ich's nicht.

M2: Gut, es war ja fast richtig. Sagen wir 5 Punkte.
Nun zu Antwort 2:
Helmut Kohl

A: (überlegt) Wer schrieb ein Buch?

M2: Das ist leider falsch. Aber Sie haben ja noch eine Chance. Hier die Antwort 3:
Sabine Orlowski

A: Das ist ganz einfach. Wer moderiert das Quiz „Verzieh die Miene zur Pantomime"? Richtig?

M2: Ausgezeichnet Herr Ziwojenowitsch. Und hier ist sie auch schon, ihre Sabine Orlowski.

M3: Guten Abend. Wir müssen uns heute ein bißchen beeilen. Die aktuelle Berichterstattung hat natürlich Vorrang. Sie kennen ja die Regeln, so daß wir sofort in das Spiel einsteigen können. Ich zeige Ihnen jeweils Begriffe, die Sie dann pantomimisch, nur mit dem Gesicht, darstellen sollen. Dafür erhalten Sie dann Punkte von mir und Ihnen, dem Publikum.

A: Ich wollte aber ganz ...

M3: Es geht los.
Begriff 1: (sie zeigt auch für die Zuschauer) **„Zuckerhut"**

(A versucht, den Begriff zu spielen, M3 bricht mittendrin ab)

M3: Gut, dafür erhalten Sie 8 Punkte. Und Sie (wendet sich an das Publikum), was geben Sie ihm? 6 Punkte. Das sind dann (holt einen Taschenrechner aus der Tasche) 14 Punkte. Kommen wir zu Begriff 2.
Begriff 2: (sie zeigt wieder auch für die Zuschauer) **„Ochsenfrosch"**

(A versucht erneut, dies zu spielen, wird aber sehr früh abgewürgt)

M3: Ausgezeichnet. Das sind 3 Punkte von mir und (sieht sich um) 12 Punkte vom Publikum; macht zusammen 15 Punkte. Wir müssen uns ein wenig beeilen Herr ...
Hier der nächste Begriff:
Begriff 3: (diesmal nicht dem Publikum gezeigt) **„Klobürste"**

(A zaudert erst, dann versucht er den Begriff darzustellen. Während er sich abmüht, stellt M3 fest, daß die Zeit schon um ist und verläßt mit einer Absage den Raum. M4 kommt unterdessen mit neuer Musik auf die Bühne. A spielt immer noch. M4 wundert sich über A und tritt auf ihn zu)

M4: Entschuldigen Sie, aber was machen Sie hier?
A: Ich versuche, Begriffe darzustellen.
M4: Das tut mir leid, hier ist ein anderes Quiz. Das hätten Sie bei Sabine Orlowski spielen können (geht nach vorn und läßt den Kandidaten stehen und beginnt mit der Anmoderation):
Meine Damen und Herren. Sie sehen heute zum 100sten Mal die Ausgabe „Bongo", das Quiz zum Mitsingen. Wie immer haben wir aus Ihren Reihen einen Kandidaten gewählt, der unser Spiel bestreiten wird (geht wieder auf A zu). Und da ist er auch schon. Sie kennen unsere Regeln ja sicher. Ich summe Ihnen eine Melodie vor, und sie sagen uns dann, wie das Lied heißt. Es geht los!
A: Ich kann nicht mehr, ich will eine Pause.
M4: Nun mal nicht schon am Anfang schlapp gemacht. Hier die Melodie:

(Er summt „99 Luftballons" von Nena)

A: Aber wenn ich Ihnen doch sage ...

M4: Das ist leider falsch, konzentrieren Sie sich doch ein wenig.

A: Das ist, glaube ich Nena - mit Blaskapelle und Flugzeugen und so Ballons glaube ich ...

M4: Können wir das gelten lassen? Ich frage Sie, liebes Publikum, geht das? Gut, es gilt, Herr ...!
Und schon sind wir bei Song Nr. 2

(Er summt ein Kinderlied zum Beispiel „Fuchs, du hast die Gans gestohlen")

A: Das kenn ich. Das ist von früher. Das hat meine Oma immer mit mir gesungen. Mein Opa hat dann immer geschimpft.

M4: Das ist ja alles ganz schön, aber wie heißt das Lied?

A: Ja, das war ... Fuchs ... Gans ... irgendwas mit klauen oder so.

M4: Gut, das lassen wir gelten. Nun Lied Nr. 3.

(Er summt die Nationalhymne)

(A verschränkt die Hände, sieht auf den Boden, denkt nach. In dem Moment kommen nacheinander alle anderen Moderatoren von vorhin auf die Bühne und schießen in schneller Folge ihre Fragen, Antworten und anderes ab. Sie umstellen dabei A im Halbkreis. Der erwacht aus seinem Nachdenken und versucht, immer hektischer werdend, alles zu beantworten)

M1: Wer war August Bosch?

M2: Ist ein Amerikaner.

M3: Spielen sie „Kaugummi".

M4: Wie heißt die Melodie (summt Schlager)?

M1: Wie alt ist die Stecknadel?

M2: Ist 95 cm breit.

M3: Zeigen Sie uns „Schokokuß"?

M4: Welches Lied ist das? (summt Rocksong)

(Der Kandidat versucht, alles zu beantworten. Schließlich bricht er auf seinem Stuhl zusammen, bäumt sich ein letztes Mal auf und brüllt herzzerreißend.)

A: Ich halt das nicht mehr aus!!!

(In dem Moment kommt M5 auf die Bühne und begrüßt die Zuschauer)

M5: Ja, meine Damen und Herren, daß war das Stichwort zu unserer neuen Sendung. „Ich halt das nicht mehr aus!" In fünf Minuten, nach der Werbung, geht's los. Bis gleich!

Licht aus!

Lehrerkonferenz

Personen:
Direktor, Biolehrer, Deutschlehrerin, Physiklehrer, Kunst- und Englischlehrerin

Spielanleitung:
Die Kollegen, außer dem Direktor und dem Physiklehrer, kommen nacheinander auf die Bühne und nehmen Platz. Der Direktor kommt etwas später mit einem Koffer in der Hand. In

diesem sind diverse Schnapsflaschen. Nachdem er einen ersten Schluck genommen hat, beginnt er ...

Text/Spielanweisungen:

D: Hier fehlt doch noch einer.
(In diesem Moment kommt der Physiklehrer in den Raum)
P: Ist das hier die Lehrerkonferenz?
D: Ja. Nun nehmen Sie mal Platz, wir haben nur auf Sie gewartet.

(Der Physiklehrer spannt seinen Schirm auf, überreicht dem Direktor eine Flasche mit den Worten: „Dieser Wein soll nun der Ihre sein". Dann zieht er sich die Schuhe aus und wirft sie ins Publikum. Er drängelt sich durch die Reihe der anderen Kollegen und bleibt auf dem Schoß der Englischlehrerin sitzen, der er eine Rose überreicht. Dafür bekommt er eine Ohrfeige. Als er seinen Platz schließlich erreicht hat, setzt er sich verkehrt herum auf den Stuhl hin. Als er sich schließlich richtig gesetzt hat, beginnt der Direktor)

D: Ja! Meine lieben Kollegen und Kolleginnen. Sie wissen ja, der Kultusminister hat uns beauftragt, das Thema Umweltschutz etwas intensiver zu behandeln, und ich hoffe, die einzelnen Fachbereiche können dann heute mal ein bißchen darstellen, was Sie sich so gedacht haben. Wenn Herr Kollege Knaab von der Biologie vielleicht beginnen könnte.
B: Ja, meine Buben und Knaben, die haben sich überlegt, daß wir das Thema Fischsterben durcharbeiten.

D: Herr Kollege, das ist ja schon eine ausgezeichnete Idee. Dann können wir ja gleich zum nächsten Fachbereich kommen. Frau Kollegin Stiehl - vom Fachbereich der Kunst - wenn Sie vielleicht kurz darstellen könnten, wie sich Ihr Fachbereich der Thematik nähern möchte.

K: Also, wir von der Kunst haben uns überlegt, Plastiken aus Plastik surrealistisch herzustellen. Wenn vielleicht einer der Kollegen mal eine Tüte oder 2, 3 hätte?

(Alle Kollegen reichen ihr eine Alditüte)

D: Wenn Frau Kollegin Stiehl noch etwas beschäftigt ist, kommen wir zu den ernsten, ich wollte sagen zu den wichtigeren Wissenschaften. Herr Kollege Zackenbusch vom Fachbereich der Physik, wie stellen Sie sich denn das Thema vor?

P: Ich danke Ihnen, daß Sie mich nun hier endlich zu Wort kommen lassen. Eins ist sicher, dieser Tisch ist rund. Was ist noch rund? (Zur Englischlehrerin:) Stehen Sie auf. Setzen, 6. Ha (dreht dabei den Tisch auf den Kopf), wir sitzen doch alle im gleichen Boot, nicht wahr? Wir müssen das Schiff sicher ans andere Ufer steuern. Also, ich bin hier der Steuermann, und wer ist der Kapitän? (Der Direktor setzt hastig seine Flasche ab und wendet sich wieder dem Vortrag zu, fühlt sich ertappt.)

D: Ausgezeichnet Herr Kollege, ja wirklich hervorragend, das. Wenn dann vielleicht die Kollegin des Fachbereichs Englisch, Missis Dubbel th kurz darstellen könnte, was dort geplant ist.

E: Es wird aber auch Zeit, daß ich endlich mal zu Wort komme. Man hat ja schließlich noch was vor. Ich habe mir also mit meinen Mitkolleginnen überlegt, wir sind ja jetzt in der Klasse 13, und die Klasse 13 ist eine sehr wichtige Klasse, Sie wissen ja vielleicht, dort sind nicht nur Jungen, sondern auch Mädchen im Kurs und ...

D: Könnten Sie vielleicht zur Sache kommen?

E: Ich habe mir folgendes Beispiel überlegt. Wir fangen jetzt an, die If-Sätze zu behandeln und ich habe mir da folgendes Beispiel überlegt: „If the oilship were empty, most fishes were died".

D: Oh, Frau Kollegin, das ist ja hervorragend. Ist ja richtig gut. Wie weit sind Sie, Frau Stiehl?

K: Also, wenn ich Ihnen das mal zeigen darf, aus Aldi (hebt die Tüte hoch) wird Dali (dreht die vorbereitete Tüte rum).

P: Ist ja phantastisch.

D: Da hätte ich jetzt nicht mit gerechnet. Das ist ja richtig ... Kunst!
Damit wären wir auch beinah am Ende. Bleibt nur noch Frau Kollegin Annelore von Meisenstich vom Fachbereich Deutsch

(Kollegin steht auf, sie ist beim Banane essen unterbrochen worden)

A: (räuspert sich) Ich und meine Kollegen haben uns überlegt, daß wir das etwas herauskristallisieren würden und haben uns dazu überlegt, wir machen daraus ein theatralisches Drama. Wenn ich Ihnen das mal zeigen dürfte? (Bittet den

Biolehrer kurz mal einzuspringen). Wenn Sie mir vielleicht mal kurz behilflich sein würden? Könnten Sie einen Baum darstellen?

B: Mehr so 'ne Pappel oder 'ne Eiche?

(Stellt dazu jeweils Pappel und Eiche dar)

A: Besser eine Trauerweide.

Ich beginne dann mal.

Oh, du brauner, hochgeschossener Baum *(fällt auf die Knie und umklammert die Beine des Biolehrers)*. Dein Stamm reicht bis in alle Vergangenheit. Umgeben von butterblumengetränkten Wiesen. Oh Herbert, da ritzten wir es ein, oh Herbert, deines Willens wegens *(Reißt dem Biolehrer das Hemd auf und bemalt seine Brust mit Lippenstift und Farbe)* davon ist nicht viel geblieben, damals im sonnengelben Maisfeld, oh Herbert, die Liebe sprießte wie der junge Mais in den guten Tagen. Herbert, du liebster meiner Seele du *(beginnt laut zu heulen und zu kreischen und klammert sich fest an die Beine des Lehrers)*.

Der Biolehrer weiß sich nicht zu helfen, ein paar der anderen Kollegen greifen ein und ziehen sie schließlich weg. Der Direktor trinkt schnell noch einen, dann greift auch er ein.

D: (zum Biolehrer) Nun bieten Sie ihr doch mal was an!

P: Herr Kollege Knaab, ich glaube sie trauert um ihre Weide ...

(Alle Spieler rennen hektisch herum, der Direktor ist die ganze Zeit am Trinken, der Biolehrer sitzt hilflos an seinem Platz. Die Kunstlehrerin stopft der Deutschlehrerin den Rest der Ba-

nane in den Mund, damit sie endlich Ruhe gibt.
Nach ca. 4 Minuten hat sich die Szene beruhigt.

D: Ja, meine lieben Kolleginnen und Kollegen (Pause).
Ich stehe natürlich auch einem Fachbereich vor und wir vom Fachbereich der Musik haben uns natürlich auch unsere Gedanken gemacht. Ich darf dann mal die Arbeitsblätter austeilen *(verteilt die Blätter selbst, danach hebt er zwei Flaschen als Stab zum dirigieren und die Lehrer beginnen mit der Musik.)*

Jeder einzelne Kollege spielt nacheinander sein Instrument nur mit der Stimme vor (Beispiel: Bass, Trommel, Tuba, Triangel, Geige). Danach steigert sich das Ganze, bis es zu ohrenbetäubender Lautstärke angeschwollen ist. Danach bricht es abrupt ab. Auf ein neues Kommando des Schulleiters setzt ein fester Rhythmus ein, über den der Direktor den Text spricht:

D: In der Schule wie man weiß,
diskutiert man gerade heiß,
ob schon jemand etwas weiß,
von dem ganzen Umwelt ...

B: scheiß

E: Aber, Herr Kollege!

B: Ohhhh!

Licht aus!

Song „Klara komm doch"

Spieler: 2, möglichst Junge und Mädchen

Spielanleitung:
Das Lied wird zu einer einfachen Klavierbegleitung gesprochen bzw. teilweise auch gesungen. Aus dem Text ist ersichtlich, welchen Text der Junge und welchen das Mädchen sprechsingen. Als Szene eignet sich gut ein Sessel vor einem Fenster, aus dem man hinaussehen kann.

Text:
Oh, Klara komm doch
Oh, Klara komm doch
Oh, Klara komm, der Baum ist weg

Oh, Klara sieh doch
Oh, Klara sieh doch
Oh, Klara sieh den Haufen Dreck

Mensch, Klara guck doch
Mensch, Klara guck doch
Mensch, Klara guck doch da mal hin

Und, Klara wer macht
Und, Klara wer macht
Wer macht denn diesen Dreck nun weg?

Aber das geht uns doch gar nichts an, Mann
gar nichts an Mann, gar nichts an, Mann
Aber das geht uns doch gar nicht an, Mann

Hänschen komm, halt Ruh!

Aber unser schöner Baum ist weg!
Na und!
Unser Sommersonnenschattenbaum!
Na und!
Und wer wirft uns jetzt unseren Schatten?
Stell'n wir halt einen Plastikbaum auf.
Aber Klara?!

Oh, Klara komm doch
Oh, Klara komm doch
Oh, Klara jetzt hol'n sie den Dreck

Mensch, Klara sieh doch
Mensch, Klara sieh doch
gleich ist der Dreck vollständig weg

Oh, Klara schau doch
Oh, Klara selbst das Krümellaub

Mensch, Klara träum ich
Mensch, Klara träum ich
Mensch, Klara unser Baum ist weg!

Kann man halt nichts machen, liebes Hänschen
liebes Hänschen, liebes Hänschen
Kann man halt nichts machen, liebes Hänschen
Liebes Hänschen du
Jetzt laß mich in Ruh!

Guten Abend

Spieler:
Es genügt einer, besser ist die gesamte Gruppe

Spielhinweise:
Zu Beginn ruhig und balladenhaft vortragen, eventuell auch nur als Sprechgesang. Erst später einzelne Teile besonders betonen. Den Text 2mal wiederholen (als Gag vielleicht sogar zum Mitsingen animieren). Das Lied eignet sich hervorragend als Abschluß.

Songtext:

Guten Abend, gute Nacht
mein Programm ist vollbracht
doch ich gehe nie zur Ruh
ich schau dir beim Schlafen zu

Ob du willst, oder nicht
ich halt dich lange wach
ob du willst, oder nicht
ich beherrsch Tag und Nacht

Guten Abend, gute Nacht
Träume süß, und gib acht,
denn ich weiß, dir geht's nicht gut
in dir beben Zorn und Wut

doch ...
Ob du willst, oder nicht

morgen bist du noch wach
ob du willst, oder nicht
mein Programm ist danach

Guten Abend, gute ... (sprechen) Nacht!

Frühling

Spieler: 1

Spielanleitung:
Der Spieler sitzt auf einem Hocker bei gedämpftem Licht. Der Text wird als Sprechgesang zu einer Klavierbegleitung gespielt.

Text:
Es ist kühl, ein leichter Regen fällt,
und die Sonne verbirgt ihre Strahlen hinter den Wolken,
die Wolken grau in grau, verdeckens Himmelsblau.
Die Häuser rücken enger zusammen,
und Schornsteine schicken ihren schweren Rauch
zäh gen Himmel.

Ein Wind weht durch die Zweige,
die Früchte gehn zur Neige
die braunen, alten Blätter fall'n ab.
Die gelben Stoppelfelder,
die schönen bunten Wälder,
der Wind nimmt alles mit und zieht fort.

Die Tage werden kleiner, die Nächte länger.
Der Kinderlärm ebbt ab, auf der Straße ist Ruh.
Star und Storch machen sich auf ihren Weg nach Süden,
und Nebelschwaden liegen bleischwer über'm See.

Ich schau aus meinem Fenster,
seh Wolken als Gespenster,
der Regen fällt ganz leise hinab.
Ich spür die wohlig' Wärme
und sehn' mich in die Ferne,
ins Land, wo jeder Nebel erstickt.

Vertrocknet hängen Zweige
Der Tag, er geht zur Neige,
es ist zweitausendzehn, es ist
F r ü h l i n g.

Ich bin so allein

Spieler:
3 Spieler: 2 Mädchen, 1 Junge oder 2 Jungen, 1 Mädchen

Spielhinweise:
Die 3 Spieler werden wie folgt auf der Bühne plaziert: Ein Mä/Ju sitzt auf einem Stuhl in der Bühnenmitte, die 2 anderen Spieler (als Vater und Mutter definiert) stehen rechts und links etwa 5 Schritte vom Stuhl entfernt. Das Kind beginnt mit seinem Text und schaut dabei jeweils im Wechsel Vater und Mutter an. Die Eltern antworten jeweils nacheinander mit ihrem

Text und gehen dabei immer einen Schritt vor. Beim letzten Satz stehen sie ganz dicht neben ihm/ihr, legen ihm/ihr die Hand auf die Schulter, drücken seine/ihre Schulter herunter, sehen sich dann an und sagen synchron „Wieso?".
Dann Licht aus.

Spieltext:

Vater	Kind	Mutter
Verdien dir doch was dazu	Ich möchte mehr Taschengeld	Trag Zeitungen aus
Was, du hast doch gar keinen Grund	Ich bin so traurig	Hock dich vor den Fernseher und lenk dich ab
Such dir doch welche	Ich möchte einen Freund	Willst du ein Kuscheltier?
Du hast doch ein Radio	Ich möchte mal mit jemandem reden	Schreib doch an Frau Irene
Oh, wir lieben dich doch	Ich möchte mehr Liebe	Komm, magst einen Kuß?
Wieso?	Ich bin so allein	Wieso?

Sucht

Spieler:
3, davon zwei Mädchen, ein Junge, möglichst gleich gekleidet

Spielanweisung:
Die 3 Spieler stehen rechts (A), Mitte (B) und links (C) auf der Bühne. Sie werden einzeln angeleuchtet für ihren Text. Die Spieler sagen ihren Text, immer im Wechsel (siehe Text). Dabei gehen A und C immer ein bißchen weiter nach vorn, während B hinten bleibt. Wenn A und C vorne sind, beginnen sie mit dem Satz „Eifersucht", den sie sich gegenseitig wie ein Kampf entgegenschleudern. Person B bleibt dahinter, springt eventuell manchmal hoch, behält aber seinen alten Text bei. Wenn A und C laut brüllen (nach etwa 6 mal Eifersucht) sehen sie sich an und schauen dann nach hinten. Sie zerren B brutal nach vorn und halten ihn an den Händen fest.
Noch einmal sagen sie ihr „Eifersucht", dann, nach einer kurzen Pause sagt B sein letztes Wort „Sehnsucht".

Text:

A	**B**	**C**
Habsucht	Magersucht	Drogensucht
Fettsucht	Trunksucht	Gelbsucht
Raffsucht	Streitsucht	Herrschsucht
EIFERSUCHT		EIFERSUCHT
	SEHNSUCHT	

Genußwalzer

Spieler: 6, möglichst 3 Jungen und 3 Mädchen

Spielanweisung:
Zwei Paare stehen sich in Walzerhaltung gegenüber. Das dritte Paar steht nebeneinander zwischen den beiden anderen Paaren. Zum Walzerrhythmus mit Walzerschritt-Rechtsdrehung tanzt Paar 1 und singt dazu den Text 1. Paar 2 folgt mit Text 2. Dies wird insgesamt 3mal hintereinander gesungen und getanzt. Dann tritt Paar 3 in Aktion, indem es zum Walzergrundschritt 3 mal vorwärts gehend den Text 3 singt.

Paar 1 beginnt erneut und tanzt zu Text 4, ebenso Paar 2. Paar 3 folgt, indem es - den Grundschritt jetzt rückwärts tanzend - Text 5 singt. Dies wiederholt sich ebenfalls 3 mal in der eben beschriebenen Form. Danach beginnt Paar 1 mit Text 6, Paar 2 folgt, ebenfalls mit Text 6. Paar 3 kommt jetzt wieder vorwärts mit Text 7. Nach der dritten Wiederholung wird bei Paar 1 und 2 der weibliche Partner ausgedreht. Jetzt sollten alle Paare in einer Reihe stehen. Die weiblichen Partner aus Paar 1 und 2 beginnen nun mit Text 8, Teile 1 und 2, dann fallen die restlichen Spieler mit Teil 3 ein. Danach sofort Licht aus.

Text:

1. Buttermilch, Magerquark, Fencheltee
2. Chips, Coca-Cola, Pommes-Frites
3. Hamburger, Fishburger, Cheeseburger, Big-Mac

4. Ketchup

5. Ketchup und Majo

6. Senf

7. Senf und auch Majo

8. Kotz, Brech und Würg

Geschichte so oder so

Spieler: 3

Spielhinweise:

Die Geschichtsdaten werden von 2 Spielern, jeweils im Wechsel, vorgetragen. Sie sollten dabei mit gleichbleibend lauter und betonter Stimme sprechen. Dazu sollten sie gut gekleidet sein (Krawatte, Anzug).

Die Daten zur Zahl 1992 werden von einem Spieler vorgetragen, der seine Sprache deutlich verändert (Tempo, Intensität, Lautstärke). Er ist normal angezogen. Das letzte Datum sagen alle drei gemeinsam, die 2er Gruppe gleichbleibend, der andere mit höchster Spannung. Danach sehen sie sich gegenseitig an und sind über die jeweils andere Spannung verwundert.

Nach einer kurzen Pause wiederholen sie die letzte Aussage nochmal, jetzt alle gleichbleibend. Dann Licht aus.

1914 Der 1. Weltkrieg beginnt
1992 Der letzte Regenschauer liegt 2 Jahre zurück

1925 Reichspräsident Ebert stirbt
1992 Das 1. Flachdach ist absolut dicht
1929 Beginn der Wirtschaftskrise
1992 Der Zustand der Müllberge wird besorgniserregend
1939 Der 2. Weltkrieg beginnt
1992 Die Verpackung von McDonalds wird eßbar
1947 Der Marshall-Plan tritt in Kraft
1992 Neurodermitis wird nicht mehr als Krankheit anerkannt
1953 Eisenhower wird Präsident
1992 Die Republikaner erreichen 12 %
1959 Der erste Sputnik startet
1992 Der letzte Pirol wird in Isny gesichtet
1969 Die erste Mondlandung
1992 Der Mond beschreibt erstmals eine Ellipse um die Erde!

Typisch

Spieler: 2

Spielhinweise:
Die 2 Spieler teilen sich den Text so auf, daß einer stets die „typisch - Antworten" vorträgt. Der Text sollte in seiner Stimmung aufgenommen werden und durch entsprechende Betonung deutlich machen, was er will.

Spieltext:

Wie sagte ...
der junge Mann, als ihn eine rassige Frau in einem rassigen Sportwagen überholte?

typisch Vamp

und das Mädchen, die glaubte, ihren Freund so gut zu kennen, und dann ging er doch fremd?

typisch Skorpion

und der ältere Herr, der in der Zeitung von einer Messerstecherei las?

typisch Gastarbeiter

und die ältere Dame, als sie mehrere Punks auf dem Friedhof rumgammeln sah?

typisch heutige Jugend

und der Zöllner, der einem Mann zusah, wie er seine Papiere korrekt entfaltete und dann vorlegte?

typisch deutsch

und die hübsche Blondine, der ständig nachgepfiffen wurde?

typisch Männer

und die Schüler zu der Person, die auch nach 27 Versuchen noch immer glaubt, ihr Ziel zu erreichen?

typisch Lehrer

und ein jeder über die Frau, die nach der 12. Geburt meinte, es sei halt Gottes Wille?

typisch katholisch

und das Publikum, das solche Szenen wie diese überhaupt nicht versteht?

typisch Theater
und die Spieler, die diesen Text aufsagen?
PAUSE (zum Nachdenken)!

Wir sind wieder positiv

Spieler: 1 Reporter, 4 Bauarbeiter

Spielanweisungen:
Die Arbeiter sitzen auf einer Bohle an der Baustelle und frühstücken. Der Reporter kommt seitlich auf die Bühne und beginnt - nach seiner Vorrede - mit der Befragung. Der Reporter muß zunehmend nervöser werden.

Spieltext:

R: Meine lieben Damen und Herren, wie Umfragen der letzten Zeit belegen, hat sich die Stimmung im Volk wieder gebessert, die Hoffnungen werden wieder größer.
Ich möchte nun versuchen, ein bißchen von dieser Stimmung hier auf der Straße einzufangen. Da sehe ich gerade eine Gruppe Arbeiter.
(tritt auf die Leute zu)
Entschuldigen Sie, dürfte ich wohl eine kleine Befragung vornehmen?

A1: Was?

R: Ich möchte Ihnen gern ein paar Fragen stellen!

A2: Wozu das?

R: Wie Sie sicher wissen, haben neuere Untersuchungen her-

ausgefunden, daß die Stimmung im Volk sich wieder bessert, die Zukunft wieder rosiger gesehen wird.
A3: Ja und?
R: Dazu möchte ich Ihnen ein paar Begriffe nennen, die Sie mir dann möglichst spontan beantworten sollen.
A4: Klar!
A2: Und was gibt's dafür?
R: Nun ja, ...
A1: Laß mal, wir machen das schon.
A2: Schieß los (haut dem Reporter auf die Schulter)
R: Ich gebe am besten erstmal ein kurzes Beispiel: Ich frage Sie, was fällt Ihnen zu dem Begriff Frieden ein, und sie antworten zum Beispiel Freiheit, Zufriedenheit, Glück; was ihnen eben spontan so einfällt.
A4: Klar!
R: Dann beginne ich jetzt.
 ARBEIT
A1: Arbeitsheft, Arbeitslager, Arbeitsamt, Arbeitslos ...
R: (räuspert sich) HANDEL
A2: Außenhandel, Binnenhandel, Mißhandeln
R: Ähmm, naja MACHT
A4: Mä honn gestern Kirschen eingemacht (haut sich dabei vor Spaß auf die Oberschenkel)
R: (schaut etwas entsetzt, fragt trotzdem weiter)
 EMANZIPATION
A3: Was bitte?
R: EMANZIPATION

A1: Kenn ich nicht!

R: Na gut, dann eben EINHEIT

A4: Einheit, ja ... deutsche Einheit, Einheitskleidung, Gleichmacherei.

R: Vielleicht sollte ich doch noch einmal erklären, was ich von Ihnen möchte. Sie sollen zu den Begriffen möglichst spontan positive Begriffe nennen. Bisher war das sicher noch nicht so richtig positiv.

A4: Mach weiter, unsere Pause ist gleich um.

R: Na gut. MUT

A2: Mutprobe, Mutti, Mutlangen

R: WACHSTUM

A1: Ja, wie meinen Sie das jetzt?

R: Nun ja, was in letzter Zeit Ihrer Meinung nach stark zugenommen hat

A3: Deine Frau!

A1: Quatsch. Versteh schon. Wachstum ist: Drogentote, Aids, Müll, Ozonloch

R: Ich ... FRIEDEN

A4: Friedhof!

R: Entschuldigen Sie meine Herren, aber ich wollte eigentlich das Positive, das Aufstrebende des deutschen Volkes zeigen, und Sie geben da die völlig falschen Antworten.
(jetzt mit Wut) Was fällt Ihnen eigentlich ein?

A1-A4: (Synchron) Tschernobyl, Algenpest, Ölteppich, Östrogene ...

R: Stop, das wird ja immer schlimmer. Da ist ja gar nichts

Positives dabei. Fällt Ihnen denn gar nichts ein? Wenigstens ein bißchen? Bitte, es muß doch etwas geben! Also: Was fällt Ihnen Positives ein?

(A1-A4 sehen sich an und beginnen die Nationalhymne zu singen „Deutschland, Deutschland, über ..." .
Hier fällt der Reporter ein und unterbricht den Gesang.

R: Aber meine Herren, das dürfen Sie doch nicht. Diese Strophe ist verboten.

A1: Eben ...

R: Wieso eben?

A2: Eben haben Sie gesagt: „Was fällt Ihnen Positives ein".

R: Und?

A3: Und da haben wir dieses Lied angestimmt - urdeutsch!

A4: Denn der Text berührt uns - positiv!

A1: Und sowas wollten Sie doch von uns hören!

(Er steht mit offenem Mund)

Licht aus!

11. Literaturverzeichnis mit Kurzkommentaren

1. Michael Batz/Horst Schroth
Theater zwischen Tür und Angel - Reinbek 1983

2. Michael Batz/Horst Schroth
Theater grenzenlos - Reinbek 1985

Die beiden Bände geben einen umfassenden Überblick über Übungen, Spiele, Themenfindungen, Auftritt, Körpertraining und anderes für freie Gruppen. Einzelne Kapitel, speziell in Band 2 behandeln eine kurze Geschichte der Schauspielerei und der Spielfelder. Für Spielleiter, die Texte nachspielen oder inszenieren wollen, sind die beiden Bände ungeeignet. Man kann für seine schulische Arbeit eine Menge damit anfangen, wenn man sich durch die einzelnen Themen durchgearbeitet hat. An manchen Stellen könnten die Bände etwas übersichtlicher sein und etwas ausführlicher Spielanweisungen beschreiben. Wer nach umfassender Übungsliteratur sucht, findet hier alles, was er braucht. Zeit zum Lesen sollte man haben, denn beide Bände sind recht umfangreich.

Mein Tip: empfehlenswert und relativ billig.

3. Klaus Budzinski
Pfeffer ins Getriebe - München 1984

Der Autor erzählt die Geschichte von 100 Jahren Kabarett, vorzugsweise in Deutschland. Da er viele Text- und Gedichtsbeispiele bringt, ist der Band amüsant und mit viel Genuß zu lesen. Fast alle deutschen Kabarettgruppen werden ausführlich gewürdigt, selbst die von der Presse weitgehend ignorierten (Schmiere). Übungen und Ideen für seine eigene Arbeit wird man nur ab und an finden.

Mein Tip: Wer Kabarett liebt, braucht dieses Buch. Die Taschenbuchausgabe ist zudem nicht zu teuer.

4. Peter Thiesen
Drauflosspieltheater - Weinheim/Basel 1990

Das Buch nennt sich auch Spiel- und Ideenbuch für Kindergruppen, Hort, Schule, Jugendarbeit und Erschwachsenenbildung. Im ersten Teil werden Spielideen und Spielanlässe genannt. Später folgen kurze Darstellungen der verschiedenen Spielformen, wie zum Beispiel Planspiel, Kabarett, Figurenspiel, Maskenspiel und anderes. Mir persönlich gefallen die Spielvorschläge besser als der nachfolgende Teil, der manchmal im Allgemeinen, Oberflächigen steckenbleibt.

Trotzdem empfehlenswert; auch bezahlbar.

5. Vera Balser Eberle
Sprechtechnisches Übungsbuch - Wien 1950

Schon die Jahreszahl verrät es, ein ziemlich altes Buch. Es ist ein Übungsbuch und kein Lehrbuch. Es bedarf, will man sich ausführlich mit Sprecherziehung beschäftigen, eines ausgebildeten Lehrers. Für schulische Zwecke findet man aber eine Unzahl guter Übungen, die man auch ohne Sprachlehrer sinnvoll für seine Gruppe einsetzen kann. Es ist ein Buch für Schauspielschüler geschrieben, bietet also auch anspruchsvolle Aufgaben und Übungen an.

Tip: Ausleihen und erstmal auf seine Brauchbarkeit durchsehen.

6. Gerhard Ebert/Rudolf Penka
Schauspielen - Berlin 1991

Das Buch! Vor Jahren nur mit Mühe zu bekommen, da aus der ehemaligen DDR, ist es jetzt auch bei uns überall zu erhalten. Leider hat sich auch der Preis verändert. Dieses Buch bietet alles, was ein Schauspielschüler im Laufe seiner Ausbildung zu lernen hat. Es befaßt sich ausführlich mit Textarbeit und Textstudium, läßt aber auch Improvisationen und Stimmbildung nicht außer acht. Vieles von dem, was das Buch beschreibt, wird für uns an der Schule zwar Illusion bleiben, aber es vermittelt doch einen guten Eindruck davon, daß Theater auch Arbeit bedeutet.

Mein Tip: Geld sparen und kaufen.

7. Heinrich Werthmüller
TZT - Basisbuch - Männedorf 1984

Das TZT-Basisbuch ist ein gruppenpädagogisches Werkzeug. Es basiert auf den Ideen von Ruth Cohn und dem TZT. Es hat sich zur Aufgabe gestellt, alle 3 Elemente des Lernens: Verstand, Körper und Gefühl ausgewogen zu berücksichtigen. Dazu werden in dem Buch eine Unzahl Spiele, Übungen, Improvisationen und Beispiele gegeben. Man kann für Theaterzwecke eine Menge Ideen daraus gewinnen, man kann sich auch von der Idee des TZT gefangen nehmen lassen. Ein ungemein anregendes Buch; leider nicht ganz einfach zu beschaffen.

8. Werner Finck
Alter Narr - was nun? München 1972
Das Buch ist eine Biographie des Kabarettisten Werner Finck, der vor, während und nach dem 2. Weltkrieg einen maßgeblichen Anteil am Wachsen und Blühen des Kabarett hatte. Das Buch liest sich in „einem Rutsch", ist voller guter Texte und Sprachspiele und vermittelt zugleich ein Stück Kabarettgeschichte. Als Taschenbuch zudem erschwinglich.

9. Rudolf Rolfs
Fahndungsbuch - Frankfurt 1982
Rudolf Rolfs, der Leiter der Kabarettbühne „Schmiere" in Frankfurt hat hier Ideen, Stories, Pamphlete und Texte zusammengestellt, die man als „Steinbruch" für seine eigene Kabarettarbeit bezeichnen kann. Wenn man drankommt, unbedingt empfehlenswert.

10. Diethard Wies
Straßentheaterfibel - Frankfurt 1981
Eine alphabetische Sammlung vieler Anregungen, Spielszenen, Graphiken und Spielideen für das Straßentheater, von denen aber eine Vielzahl auch für Kabarett genutzt werden kann. Etwas mühsam zu lesen.

12. Nachwort

- Sollte das HTB, trotz sachgemäßer Einnahme, zu keiner anhaltenden Besserung der Beschwerden führen, beschweren Sie sich beim Autor (aber bitte freundlich), oder versuchen Sie es mit „Theater aus der Hosentasche".

- Sollte Ihnen das HTB abhanden kommen - neuere Untersuchungen weisen nach, daß der Spaß beim Lesen auch von Nichtbesitzern des HTB geteilt wird - kaufen Sie gleich 2 neue und verschenken eins an den Mitleser. Vielleicht verrät er Ihnen dann, ob er schon eins hat.

- Sollte ich vergessen haben, meine Mitspieler ausreichend zu würdigen, so sei das hiermit geschehen:
  Christian für die guten Texte (zum Beispiel Schauplatz Baum), **Jochen** für die spontanen Ideen und sein „Vorwärts Leute", **Katryn** für die „Skizzen" und alles, **Michaela** für ihr „Ich könnt das Stück noch 10mal spielen" und die tollen Kuchen, **Caroline** für ihren Abgang und die dadurch erzeugte Trotzhaltung, **Anja** für den neuen Schwung, den wir dringend brauchten.

- Sollte der Leser trotz dieses Heftes noch immer keine Lust auf Kabarett bekommen, dann, tja dann ...

- Sollte ich vielleicht lieber mit dem Nachwort aufhören!

>   Ich tue es
>   tu Du es
>   mach Kabarett   (frei nach H. Knef)

AOL 384 — HTB-Reihe Theater, hg. von HBM

Eckhard Lück

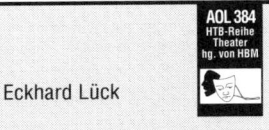

Theater aus der Hosentasche

oder:
Schüler auf Erlebnisreise Theater
• Sketche & Stegreifideen •

Theater... Bestellnummer A384

AOL 405 — HTB-Reihe Theater, hg. von HBM

Eckhard Lück

Kabarett von Be bis Zett

Ein Handbuch für alle,
die selbst Kabarett spielen möchten

Kabarett... Bestellnummer A405

AOL 394 — HTB-Reihe Theater, hg. von HBM

Bernd Sieben

Die Worte der Liebe

Ein Liebes-Projekt
der Wahlpflichtkurse Schultheater

Worte... Bestellnummer A394

AOL 408 — HTB-Reihe Zirkusspiele Klaus Hoyer

Klaus Hoyer

Zirkus aus dem Koffer

die kleine Zirkuswerkstatt
für Tiere, Clowns und Akrobaten
von 5 bis 95

Zirkus... Bestellnummer A408

Bezug AOL-Verlag Telefon 07227 - 4349 Fax 07227 - 8284

A6-Hosentaschenbücher (HTB):

**Von 1,99 DM bis 10,80 DM. Stand 1993. Die Preise können sich ändern.
Einfach kopieren - ankreuzen - Absender nicht vergessen -
und ab in den Briefkasten.**

- ☐ **Das kleine Buch vom Lernen: Nr A411, 5.- DM**
  Bio-logisch lernen. Mit beiden Gehirnhälften. Lernpraxis für Klasse 1-13.
- ☐ **Das Labor des Professor Ätzi: Nr A409, 8,80 DM**
  Chemie-Abenteuergeschichten zum Knobeln, Knallen, Stinken, Leuchten...
- ☐ **Das Ei in Füsik & Kämie: Nr A376, 8,80DM**
  Versuche, Rätsel + Bilder rund ums Ei, u.a. 6mal das Ei des Kolumbus!
- ☐ **Fußballfieber: Nr A404, 8,80 DM**
  Spannende Fußballspiele mit Papier & Bleistift für große & kleine Hooligans.
- ☐ **Zirkus aus dem Koffer: Nr A408, 10,80 DM**
  Kleine Zirkuswerkstatt für Tiere, Clowns, Akrobaten: So fängt man an.
- ☐ **Es fliegt was in der Luft... Nr A392, 8,80 DM**
  Das Jonglier-Buch! Mit Bällen, Tüchern, Teufelsstäben, Diabolo ...**Der Spaß!**
- ☐ **99 Luftballonspiele: Nr A390, 8,80 DM**
  Staffeln, Zaubern, Spielketten, Tanz, u.v.m. Und natürlich: Bezugsquellen etc.
- ☐ **111 Riesenmikadospiele: Nr A391, 8,80 DM**
  Staffeln, Knobeleien, Mitspiel-Aktionen, Rätsel. Mikados selber bauen etc.
- ☐ **Abenteuer Bücherei: Nr A407, 8,80 DM**
  Spannende Projekte für große & kleine Klassen-, Schul- und Stadtbücherei
- ☐ **Lesen & lesen lassen: Nr A395, 8,80 DM**
  Literaturunterricht bei Tag und bei Nacht, im Klassenzimmer & in einem Zug.
- ☐ **„Du bist dran!" DaF: Nr A396, 8,80 DM**
  Anregungen & Beispiele für handelnden Deutschunterricht für Ausländer
- ☐ *GRAFFITI -PROJEKTE:* **Nr A387, 8,80 DM**
  *Lach*beschädigung, Talk-show, *Tags & Pieces*. Das Kunst- und Praxis-Buch.
- ☐ **Kriegskochbuch** (Reprint von 1915): **Nr A456, 1,99 DM**
  Anw. z. einf. & billig. Ernährung: Bau einer Kochkiste, 12 Suppen, 43 Speisen.
- ☐ **Poesie-Album-Sprüche: Nr A373, 8,80DM**
  Nie wieder Angst vor den Schüler-Poesie-Alben! Sprüche selbermachen!
- ☐ **Nicaragua-Comic: Nr A374, 8,80DM**
  spanisch/deutsch: Die Weltwirtschaftskrise in Bildern! Der Spachtrainer!
- ☐ **Von der Käfighaltung zum Freiflug: Nr A389, 8,80 DM**
  Auf dem Weg zur humanen (Grund-)Schule. Anregungen aus der Praxis.
- ☐ **Liebe Kinder, seht mal her! Nr A399, 8,80 DM**
  Großbuchstabenrätsel u.a. für Kiga, GS, Gruppe. Einfach hochhalten!
- ☐ **Leseleichte Anfangstexte: Nr A406, 8,80 DM**
  Vergnügliche und informative Großschrift-Texte für Viel- und Wenig-Leser
- ☐ **Das kleine Rätselfrühstück: Nr A398, 8,80 DM**
  Lügenmärchen, Silben-Schnipp-schnapp, Rechnen mit Buchstaben...: GS
- ☐ **Guten Morgen, liebe Kinder: Nr A375, 8,80DM**
  7 kleine Wort- und Sprachspiele für graue Tages- und Stundenanfänge.
- ☐ **Liebe Kinder, jetzt gibt's Quickies: Nr A379, 8,80 DM**
  Lustige schnelle Quizspiele für Pfiffikusse. Fragen mit Auswahlantworten.
- ☐ **Noch 10 Minuten, liebe Kinder! Nr A386, 8,80DM**
  Kleine, anregende Sprach- und Wörterspiele kurz vor Schluß.
- ☐ **Liebe Kinder, hört gut zu: Nr A403, 8,80 DM**
  Interessante Kurztexte mit Frage/Antwort-Tests: Lebendiges Konzentrieren!
- ☐ **Das Schmunzelwörterbuch: Nr A400, 8,80 DM**
  Lustiges Rechtschreibnachschlagewerk für GS. Mit dem FGWS!

- **Das kleine Geburtstags-Buch: Nr A378, 8,80DM**
  Spiel, Sport, Spaß in der Schule und daheim. Erfolgreiche Feiern mit Pfiff!
- **Mein Fahrtenbuch: Nr A370, 6,80DM**
  Tagebuch, Schülerausweis, Checklisten, Spiele, Rallyes, Erinnerungen...
- **Mein Projektwochenbuch: Nr A371, 6,80DM**
  Projekte/Betriebspraktikum: Wegweiser, Ordner, Berichtsheft, Notizbuch
- **Mathematricks: Nr A372, 8,80DM**
  Zauberhafte Zahlentricks für bärenstarke Lehrer/innen der Sek. 1+2.
- **88 Fallschirm-Erdball-Spiele: Nr A377, 8,80DM**
  Die schönsten Spiele, Staffeln, Schattenspiele in Wasser, Schnee & überall.
- **Suchtvorbeugung - mal anders: Nr A381, 8,80 DM**
  14 erlebnisorientierte Übungen und zusätzliche Rollenspiele ab 12 Jahren
- **Guten Abend! Elternabend: Nr A382, 8,80 DM**
  Tips & Hilfen für den kreativen Elternabend. Der Bestseller bei den Eltern.
- **Freiarbeit: Nr A383, 8,80 DM**
  So fange ich an: Quellen, Materialien, Organisation. Schon 16.000 Auflage.
- **Theater aus der Hosentasche: Nr A384, 8,80 DM**
  Schüler auf Erlebnisreise Theater: Stegreif, Sketche, Ideen für alle Klassen.
- **Kabarett von Be bis Zett: Nr A405, 10,80 DM**
  Das ultimative Handbuch zum Kabarett-Selber-Machen. Alle Klassen!
- **Die Worte der Liebe oder: Liebe macht niemals satt. Nr A394, 8,80 DM**
  Liebesprojekt für Sek. 1+2: Mit Goethe, Shakespeare, Conni Francis u.v.a.
- **Ferienreif, einfach ferienreif! Nr A385, 8,80 DM**
  Lehrerlyrik & -prosa: Innenan- und -einsichten von Artgenossen. Stark.
- **Mutlanger Morgentreffs: Nr A393, 8,80 DM**
  Von Menschen- und Gottesdiensten. Weihnachtsfeiern; Wochenanfänge etc.
- **Sportunfall– Notfall– was nun tun? Nr A397, 8,80 DM**
  Erste-Hilfe-Kurzratgeber von Sportlehrern für ebendiese. Ihr ständ. Begleiter.

Sie sehen hier nur einen Ausschnitt aus unserem HosenTaschenBuch-Angebot. Und die HosenTaschenBücher sind nur ein kleiner Teil unseres Gesamtangebots. Wenn Sie aber mehr wissen wollen - und Sie noch was vom Weihnachtsgeld übrig haben - bestellen Sie sich doch einfach

- **Das Schwarze Taschenbuch: Nr A444, 3.- DM**
  Das Gesamtprogramm von AOL- und Freiarbeit-Verlag. Ausführlich. Mit Grundwortschatz, dem aktuellen Verzeichnis der Lernwerkstätten, Aufsätzen, Tips & Hilfen für die Unterrichtspraxis. Zum Scnnupperpreis.

ÜBRIGENS: Einen Mindestbestellwert wollen wir eigentlich nicht einführen. Sie helfen uns aber sehr, wenn Sie für mindestens 30.- DM bestellen. Vielleicht fragen Sie auch mal bei der Kollegin nach - oder denken an ihren Geburtstag. Oder: Machen Sie doch einmal sich selbst eine Freude...

BESTELLABSCHNITT (nur an den AOL-Verlag senden)
Hiermit bestelle ich die oben angekreuzten HosenTaschenBücher (zuzüglich Versandkosten):

Name: _____

Adresse: _____

AOL-Verlag · Lichtenau/Baden · Telefon 07227-4349 · Fax 07227-8284

Das Projekt Rucksackbücherei
oder:
Bücher bringen uns in Fahrt
- und Sie können mitfahren:

Grundgedanke des
Projekt Rucksackbücherei
ist, daß
- *2 Schüler/innen einer Klasse*
- *in Rucksäcken*
- *per Bahn*
- *eine kleine Bücherei*
  (begrenzte Auswahl von je 15 Kinder- beziehungsweise Jugendbüchern pro Rucksack)
- *zu einer anderen Schule beziehungsweise Klasse bringen* und
- dort einen Tag *Freies Lesen* ermöglichen und
- daß es über diese Bücher beziehungsweise durch das Projekt zu einer *möglichst intensiven Kommunikation* zwischen den verschiedenen Klassen kommt.
- Am nächsten Tag werden die beiden Schüler wieder zum Zug gebracht - die Rucksackbücherei bleibt in der Zielklasse.
- Nach etwa zwei Wochen mit vielen Buchprojekten packen zwei Schüler/innen dieser Klasse die Bücher wieder in die Rucksäcke und bringen sie mit dem Zug zur nächsten Klasse.
- Ausgangspunkt für den Weg der Rucksackbücherei ist eine Schule in den *alten (bzw. neuen)* Bundesländern, Ziel eine Schule in den *neuen (bzw. alten)* Bundesländern.
- Ausführliche Informationen - auch für die Selbstorganisation mit Hilfe des örtlichen Buchhandels oder der lokalen Bücherei - stehen in dem HosenTaschenBuch **lesen und lesen lassen** (Nr. 395).
- Entwickelt wurde das Projekt von Jörg Knobloch von der Arbeitsgemeinschaft Jugendliteratur und Medien (VJA) in der GEW und von Frohmut Menze von der Arbeitsgruppe Oberkircher Lehrmittel (AOL) in Anlehnung an das *Projekt Lesevirus* Schweizer Kolleginnen und Kollegen.

Nähere & kostenlose Informationen bei:
Jörg Knobloch, VJA, Projekt Rucksackbücherei, Kiebitzweg 48, W-8050 Freising